話說淡水

Hablemos sobre Tamsui

中文 · 西班牙文對照
Bilingüe
Chino-español

編著／吳錫德　　翻譯／陸孟雁、福德　　插畫／陳吉斯

淡江大學出版中心

市長序

淡水擁有秀麗的河海景觀、豐富的人文意象，素為臺灣的代表性據點之一，也是許多人心靈的原鄉。回顧歷史，淡水曾經是臺灣的第一大港，也是北臺灣最早接觸到西方文明之處，而幾百年發展的沉澱，也造就淡水今日「世界遺產潛力點」的實力。新北市政府一定盡全力讓這片土地上的珍貴資產，能得到妥善的保存，讓更多人能意識到文明累積之不易，進而去探究巍峨建築背後，所蘊藏著一則又一則的動人故事。

自 1950 年在淡水創校迄今已逾一甲子的淡江大學，是臺灣相當重要的高等學府，孕育無數優秀人才。由淡江大學來出版《話說淡水》多語導覽手冊，可以說是再洽當也不過，這本手冊包含英、西、法、德、日、俄等不同外語的譯本，展現國際化、資訊化及未來化的教育觀，可以幫助國際友人了解淡水，更可以提高淡水的國際能見度。

值《話說淡水》付梓之際，期待本書成為世界各地人士深入認識臺灣的入門磚，也藉由淡水豐富資源之躍然紙上，呈現新北市的地靈人傑，鼓勵人們積極探訪這座無盡藏的美麗城市。

新北市 市長 朱立倫

Nota introductoria por el alcalde de la Ciudad Nuevo Taipéi

Con sus hermosas vistas de río y de mar y su rico acervo cultural, Tamsui es uno de los puntos más representativos de Taiwán, siendo a la vez el origen espiritual de mucha gente. Echando un vistazo a su historia, Tamsui no sólo fue el primer gran puerto de Taiwán, sino que también fue el primer sitio de Taiwán en tener contacto con la civilización occidental. El transcurrir de cientos y cientos de años de desarrollo de este pueblo ha venido forjando la influencia que tiene hoy día Tamsui como «legado de la humanidad». El gobierno de la Ciudad Nuevo Taipéi ha hecho su máximo esfuerzo para garantizar la conservación y protección de los tesoros materiales de este terruño de Taiwán; con tal de brindar a más y más personas la oportunidad de contemplar este preciado legado histórico-cultural y de poder descubrir cada una de las conmovedoras historias detrás de las majestuosas construcciones arquitectónicas.

Desde la fundación de la Universidad Tamkang en 1950, ya ha transcurrido más de medio siglo. Siendo el centro de formación de innumerables talentos, Tamkang es un importante centro de altos estudios en Taiwán. Respecto a la obra multilingüe, «Guía de Tamsui», editada por la Universidad Tamkang, podemos decir que la misma no pudo haber llegado en un momento más adecuado. Este manual está disponible en inglés, español, francés, alemán, japonés y ruso; lo cual demuestra la visión de futuro, internacionalización e informatización de la educación en este centro de estudios. Esta obra permite que los amigos extranjeros puedan conocer mejor Tamsui y también contribuye a que Tamsui sea más visible en el mundo.

Esperamos que esta «Guía de Tamsui» llegue a ser la puerta a través de la cual los extranjeros de todo el mundo empiecen a conocer profundamente Taiwán y que a través de de los abundantes recursos magistralmente plasmados sobre el papel, se pueda hacer manifiesta la grandiosa imagen de la Ciudad Nuevo Taipéi, sirviendo de incentivo para que más y más personas visiten activamente esta ciudad de inigualables y ocultas bellezas.

朱立倫

Eric Chu
Alcalde
Ciudad Nuevo Taipéi

目次

Índice

公路　淡江大學　水源路　學府路　中正東路　紅樹林站　紅樹林生態展示館　竹圍站　關渡橋　基隆河　淡水河　浮洲

英　府　路

淡水捷運站

淡水文化園區-殼牌倉庫

Tamsui
01

歷史上的淡水

淡水，台灣最富傳奇色彩的山城河港。數百年來，接納一波波
來自南海及中國大陸的移民，人來人往，蒼海桑田。

這些豐富有趣、變化萬千的時空故事，直到今天都仍然保留著
彌足珍貴的痕跡。從淡水對岸的觀音山頂上眺望，在長河、山
丘與大海之間，淡水迷人的「山城河港」特色一覽無遺。三百
年前的古城堡、傳統的老街古廟、異國風情的洋樓、豐富多樣
的美景，甚至岸邊急駛而過的捷運班車，還有悠閒漫遊的自行
車群……這一切既幸福，又愜意！

淡水在哪裡？

淡水在台北盆地西北方，濱臨台灣海峽，為淡水河的出海口。東邊與台北市北投相接，北與三芝為鄰，南方則隔淡水河與八里對望。境內多為大屯火山的餘脈散佈，是為五虎崗。只有南邊沿淡水河岸有狹小的平原。

新淡水八景

1. 埔頂攬勝（紅毛城一帶之埔頂地區）
2. 大屯飛翠（大屯山）
3. 沙崙看海（沙崙海灘）
4. 水岸畫影（淡水河岸）
5. 紅樹傍橋（紅樹林、關渡大橋）
6. 河口霞天（淡水河口）
7. 觀音水月（觀音山）
8. 滬街訪古（淡水老街）

「淡水」的由來

據歷史學者陳宗仁考證，古時中國船隻航行各地必須補充淡水，「淡水」意指可停留補充淡水之地。17 世紀，西方殖民勢力進入東亞，台灣位居東亞貿易轉運點，做為北台灣重要河港的淡水其地位更形重要。「淡水」之名亦紛紛出現於當時西方人編製的地圖與文獻典籍中，常見拼法有「Tanchui、Tamchuy」（西班牙語）、「Tamsuy」（荷蘭語）等。這些皆由「淡水」音轉而來，顯見至 17 世紀當時「淡水」一名已被接受成為慣稱，而當時「淡水」的範圍泛指淡水河口附近海面、淡水港及其周邊地域。

「滬尾」之意

滬尾為淡水古名，關於「滬尾」地名由來概有四說：（一）滬魚說、（二）魚尾說、（三）石滬說、（四）原住民音轉說。歷史學者張建隆撰有〈滬尾地名考辨〉一文，指出一份繪於雍正年間的《臺灣附澎湖群島圖》，圖中可見淡水營西方標有「滬尾社」之名，進一步證明滬尾名稱是由原住民音轉而來。

尋奇對話

Q 這裡取名「淡水」還真有趣？

A 這個名字的由來有好幾種說法：一說是漢人船民能在這裡找到淡水，所以才這樣稱呼這裡。另一個古名叫「滬尾」（Hobe），應該就是這裡的最早原住民的名稱。

Q 繼漢人之後，還有哪些國家的勢力來過這裡？

A 最早是荷蘭人，接著有西班牙人、法國人、英國人，最後就是日本人。日本人因為打敗了清廷，獲得割地賠償，佔領台灣50年，直到1945年才還給漢人。

Q 現在這裡就是漢人的社會，人口幾乎都是漢人！漢人是什麼時間大量移入的？

A 這裡離中國大陸很近，最近的只有130公里。從18世紀起即已有大批大陸沿海的居民非法並大批遷移至此。淡水就是進入北台灣的唯一大港。清廷最後在1885年正式將台灣畫入版圖，設置省會。

Q 美國好萊塢電影公司曾在此拍製一部電影，片名叫做《聖保羅砲艇》（The Sand Pebbles），由史迪夫‧麥昆（Steve McQueen）主演？

A 是的。那是 1965 年在淡水拍攝的。這裡做為 1926 年中國大陸長江的背景。美國這艘船艦捲入中國內戰的故事。

Q 所以淡水應該有許多歷史古蹟？

A 是的。這裡有許多比台灣其他城市還更多、更豐富的古蹟。而且文藝活動也很活躍。現在更是北台灣重要的觀光及休閒城鎮。

Tamsui
02

渡船頭

淡水渡船碼頭是古代漢人移入北台灣的最大港口,早年這裡也是內河航運的轉口。二三百年前風帆點點,魚貫入港,人聲鼎沸的場景只留在畫冊或傳說裡。日據時代基隆港取代它的海運地位,1982 年關渡大橋通車後,渡輪逐漸沒落,僅剩淡水至八里的渡船仍繼續營運。藍色船身的機動交通船悠閒地來回兩地,一副與世無爭、世外桃源的景致。及至 2004 年浮動式碼頭完工,以及藍色公路的開闢,便利觀光小船停靠,銜接漁人碼頭、八里渡船頭、八里左岸或關渡碼頭,帶動全新且現代式的旅遊觀光潮。

淡水渡輪

淡水渡船碼頭是古代北台灣的主要口岸，自古船來船往，絡繹不絕。新式客船碼頭於 2004 年 7 月完工，浮動式碼頭便利觀光小船停靠，帶動淡水水運交通及觀光效益。

遊船銜接鄰近景點漁人碼頭、八里左岸，不僅可以延伸遊玩範圍，更可從河上一覽陸地風光。傍晚時分，夕陽灑落河面，波光粼粼，遠方的觀音山猶如一幅巨型的山水畫。在此搭上渡輪，觀賞淡水河岸與遠方的關渡大橋，別有一番風貌。除了有山、海、河、城的多重景觀，每到夕陽西下，河面變成了金黃色。夜晚，明月映照河面，白色水光令人心搖神馳。

藍色公路

「藍色公路」的發想是開發淡水河及基隆河的觀光河運，自 2004 年 2 月開航，目前已有 8 條內河航線，載客量已超過 100 萬人次。沿途有導覽說明，尤其可近距離觀看河面生態，十分知性及愜意。另外，由淡水出發，亦規劃有北台灣藍色公路及北海岸藍色公路兩條海上藍色公路航線，是延伸淡水觀光範圍及提供更多元休閒旅遊的設計。

為吸引日籍觀光客搭乘，更開發出全日語導覽行程。對岸台北港更規劃有直航大陸福州的船班，以引進更多的陸客。

淡水夕陽

淡水山河交接，西向背東，每逢日落時分，浩浩江水映著滿天霞光，氣象萬千。自古不知引發多少騷人墨客歌詠，亦不知吸引多少畫家攝影屏息讚嘆。尤其每逢秋高氣爽時節，霞光鋪天蓋地而來，映著整座河岸城鎮，灑落在每個行人遊客身上，令人滿心幸福，流連忘返。

〈流浪到淡水〉

作詞、作曲 / 陳明章　編曲 / China Blue

有緣　無緣　大家來作伙
燒酒喝一杯　乎乾啦　乎乾啦
扦著風琴　提著吉他　雙人牽作伙　為著生活流浪到淡水
想起故鄉心愛的人　感情用這厚　才知影癡情是第一憨的人
燒酒落喉　心情輕鬆　鬱卒放棄捨　往事將伊當作一場夢
想起故鄉　心愛的人　將伊放抹記　流浪到他鄉　重新過日子
阮不是喜愛虛華　阮只是環境來拖磨
人客若叫阮　風雨嘛著行　為伊唱出留戀的情歌
人生浮沈　起起落落　毋免來煩惱　有時月圓　有時也抹平
趁著今晚歡歡喜喜　鬥陣來作伙　你來跳舞　我來唸歌詩
有緣　無緣　大家來作伙
燒酒喝一杯　乎乾啦　乎乾啦　（重覆三次）

尋奇對話

Q 到淡水真的很方便！從台北車站到這裡只花了 35 分鐘，而且沿途風景很不錯！

A 現在台北的捷運網越來越密集，越方便，可以吸引更遠方的旅客。所以每逢週末或假日，這裡可說「遊人如織」。

Q 除了捷運連接，其他交通路線好像也很方便。

A 從台北市區到這裡也可以走公路或水路。不過，對不開車的人來講，搭乘捷運是最方便的。捷運是 1997 年通車的，原先的路基是日本人興建的淡水火車支線，從 1901 年行駛到 1988 年。

Q 我們也可以搭船到淡水！

A 是的！2005 年起，旅客可以從台北舊市區大稻埕上船，一路遊覽到淡水，甚至到出海口的「漁人碼頭」。2007 年起，還可以搭乘一艘仿古的美式餐船「大河號」，一路吃喝休閒觀光到淡水！

Q　淡水好像人口也很多，而且年輕人特別多！

A　淡水區的人口有 15 萬餘人，實際應更多。因為有 5 所大學之故，流動人口相當多。加上緊臨台北，交通便捷，房價也比較低些，很多年輕夫婦就選在淡水定居。

Q　來此地觀光的旅客應該也很多吧？

A　「淡水夕照」一直是台灣八景之一，自古觀光旅客就很多。目前它還是名列觀光客最喜歡一遊的十大觀光景點。淡水地區每年吸引觀光客達 500 萬人次。

Tamsui
03

紅毛城

紅毛城，1628 年由當時佔領台灣北部的西班牙人所建。1644 年
荷蘭人於原址予以重建。因漢人稱荷蘭人為「紅毛」，當地人
習稱此地為「紅毛城」。鄭成功擊退荷蘭人，短暫經營此地，
清廷亦加以整修，做為防禦要塞。1867 年被英國長期租用，當
作領事館辦公地點，並於 1891 年在其後方建成一座維多利亞
風格之建物，做為領事公邸。1972 年英國與我國斷交撤館，轉
交澳大利亞及美國托管，一直到 1980 年，該城產權才轉到我
國。紅毛城為台灣現存最古老的建築之一，也是國定一級古蹟。
2005 年 7 月整建後改為「淡水古蹟博物館」。

〈滬尾紅毛城〉

〔…〕遠望濤頭一線而至,聲隆隆如雷,令人作吞雲夢八九之想。頃之,夕陽向西下,金光閃爍,氣象萬千,所有兩崖煙雲竹樹、風帆沙鳥,一齊收入樓台中,層見迭出,不使人一覽可盡,洋洋奇觀哉……。

吳子光,苗栗銅鑼人,清同治年間舉人,經通經史子集,被譽為「1900年前台灣第一學問家」。丘逢甲即其弟子。1866年,他於淡水候船赴大陸應試,閒遊此地,撰文〈滬尾紅毛城〉。

荷蘭城堡

即「紅毛城」主樓,原址為西班牙所建,原以木頭築成,因曾被漢人焚毀,於1637年改以石材重建。工事完成不久,西班牙決定撤軍,下令摧毀該城。荷蘭駐軍於1644年5月動工重建。除了石材,還遠道自印尼運來上好石灰與磚頭,挖深地基,也使用穹窿式構造,證明荷蘭人有心要建造一座堅固的城堡。1662年鄭成功驅逐了南部荷蘭人,淡水之守軍亦隨之撤走。1863由英國人租用,將此炮城改為領事辦公室、住宅及四間牢房。

英國領事館公邸

淡水英國領事公邸為紅磚造陽台殖民地樣式建築,有獨特熱帶地區防暑的拱廊設計,斜屋頂等特徵,由當時駐淡水英國領事聘請英國建築師設計,紅磚及匠師可能來自福建廈門。領事公邸底樓西側為客廳及書房,東側為餐廳及廚房,後側為洗衣間及數間備人房。二樓有三間大臥室及貯藏室。四周綠地,闢有玫瑰園,公邸迴廊是喝下午茶的場所。淡水領事公邸用材極為講究,設計雅致,是大英帝國在東亞地區僅存少數的較早期洋樓。

尋奇對話

Q 英國人也應該是漢人眼中的「紅毛」吧？

A 是的。過去我們中國人一向稱外國人為「紅毛仔」，因為西方的白人都有一頭紅棕色頭髮。紅毛城將近 400 年的歷史中，先後被西班牙、荷蘭、明鄭成功、清朝、英國、日本、美國、澳洲的經營。認識紅毛城，等於走一趟台灣近代史。

Q 英國人在台灣一共蓋了幾間「領事館」？

A 一共三間。最早一間在高雄，其次是安平，淡水這間應是最晚蓋成的，規模應該是最大的，視野及維護應該也是最好的。不過，三間的風格都很類似，即維多利亞式，俗稱「殖民地式建築」。

Q 當時領事館業務應該很龐大吧？

A 1860 年開放淡水為國際通商港埠後，台灣的對外貿易就遽增了很多。尤其是茶業和樟腦的出口。主要是輸往中國大陸。

Q 1895年日本殖民台灣，英國人還留下來嗎？

A 是的。依國際法這塊地還是屬於英國政府。所以英國人繼續留下來。直到第二次世界大戰期間才撤走。戰後他們又回來向中華民國政府索回。

Q 英國人為何遲至1980年才肯交回這塊地？

A 英國人應該一直都捨不得交出這塊地。即便1972年他們就與我國斷交，還是在法理上繼續擁有這塊地。我們是費了很多努力才要回它的。不然，我們今天也不可能上這兒來的！

Tamsui
04

馬偕、教會、學校

加拿大人馬偕是淡水最知名的外國人，有一條街以他的名字命名，由他一手創辦的馬偕紀念醫院至今還日夜在服務成千上萬的台灣人。他一輩子行醫、傳教、興學，幾乎以淡水為家，前後近 30 年。最後歿於斯，葬於斯。馬偕 27 歲時離開家鄉，1872 年 3 月抵達淡水，就決定在此落腳，宣教基督長老教會。他自美加兩地募款，興建醫館，中法滬尾之役，協助照料清廷傷兵；他沒有牙科醫學訓練，卻幫台灣人拔了 2 萬多顆蛀牙。他還自國外輸入蔬菜種子：蘿蔔、甘藍菜、蕃茄、花椰菜、胡蘿蔔等。

淡水禮拜堂

淡水禮拜堂,位於馬偕街上。目前的建物改建於1932年,由馬偕之子偕叡廉(George W. Mac-kay) 所設計,為仿歌德式的紅磚建築,有一方型鐘塔,內部為木架天花板,且保存一個自1909年開始使用的古風琴。淡水禮拜堂是淡水地區最大的台灣基督教長老教會聚會所,約可容納300人。此教堂曾在1986年修建屋頂。教堂外觀以極佳品質的紅磚構成,且牆面變化有序,據傳出自於當年設計名匠洪泉、黃阿樹之手。這座教堂幾乎是早年淡水的地標,同時也是畫家最愛入畫的寫生美景。

馬偕傳教士

馬偕(George Leslie Mackay,1844-1901),生於加拿大安大略省,醫師與長老教會牧師。台灣人稱其「馬偕博士」或「偕牧師」。西方歷史學者以「寧願燒盡,不願朽壞」(Rather burn than rust out)讚賞馬偕的一生。1871年底到達高雄,隔年起在淡水開始傳教,學習閩南話,之後還娶了台灣女子為妻。他四處旅行傳播基督福音,在台灣北部及東部設立二十餘個教會。1882年創建牛津學堂(今真理大學)。2年後又建立第一個供女子就讀的婦學堂。其子偕叡廉承接衣缽,創辦了淡江中學。著有《馬偕日記》,70多萬字,分3冊出版。

淡江中學

淡江中學正式於 1914 年創設，昔稱淡水中學、淡水高女，為加拿大長老教會宣教士馬偕博士父子所創，是台灣罕見的百年老校。不僅其校史見證台灣歷史遞嬗與教育文化變遷。其校園座落依山面海，風光秀麗，綠意盎然。該校建築以歐美名校為藍本，並融入中國傳統建築元素，提供了啟發及培養人文思想的最佳環境。「八角塔」融合了中國的寶塔和西方拜占庭式建築，是淡江中學精神堡壘，由該校幾何老師加拿大宣教士羅虔益（K. W. Dowie）所設計，1925 年 6 月峻工。

尋奇對話

Q 我注意到淡水老市區有一條「馬偕街」，路口的圓環還樹立著馬偕先生的半身雕像。這位加拿大人應該就是淡水的榮譽市民囉！

A 是啊！馬偕博士在台灣 30 年，以淡水為根據地，一輩子行醫、傳教、興學不遺餘力，造福台灣人甚多！

Q 相對於西班牙、荷蘭，以及後來的法國及日本的強佔，英國人的唯利是圖，這位加拿大人的做法的確教人欽佩！

A 馬偕博士將現代醫學引進到台灣，幫台灣人治病療傷，培養台灣人醫學技術。籌資開設醫院，目前已發展到一所大型現代醫院「馬偕紀念醫院」，全省共有四個分院、3000多個床位、近 7000 員工。同時還設立馬偕護校及馬偕醫學院。

Q 聽說淡江中學很美，也是著名歌手及作曲家周杰倫的母校？

A 淡江中學可說是台灣最早的一所西式學堂，校舍建築美輪美奐，校園景緻優美，與淡水華人社區相映成趣。他也是馬偕博士所興辦，由其子克紹箕裘。這所中學相當開放，培養許多藝文及經貿人才，包括前總統李登輝也是這裡畢業的！

Q 聽說淡江大學的興辦與它也有關連？

A 是的。淡江大學創辦人張驚聲從日本留學，自大陸返鄉，很想興辦一所大學。他先應聘擔任淡江中學校長，後來順利集資購地，才在 1950 年創立淡江大學。它最初的校址還設在淡江中學裡！

Q 周杰倫好像在這裡拍了一部電影？

A 那部電影叫做《不能說的秘密》（2007）。事實上，淡水一直是電影青睞的拍攝場景，像早期的《聖保羅炮艇》（1966），以及較近的《我們的天空》（1986）、《問男孩》（2008），還有一齣電視劇《青梅竹馬》（2009）等等。

Tamsui 05

觀音山

觀音山位於淡水河出海口左岸，海拔標高 616 公尺，山頂稱「硬
漢嶺」，區內有多座古剎，更增添此山的靈性，其中還有數間
供奉觀世音菩薩的觀音寺。西臨台灣海峽，東北隔淡水河遠望
關渡，昔日的「坌嶺吐霧」為淡水八大景之一，是登山及健行
的好去處。荷蘭統治時代，叫淡水山（Tamswijse berch），但漢
人習稱八里坌山，因山邊的原住民部落八里坌社而得名。改稱
「觀音山」的說法有二：一說是 1752 年貢生胡焯猷在山路籌建
大士觀而得名，一說是由於山稜起伏變化，從關渡一帶眺望時，
山形起伏貌似觀音菩薩的面容仰天的側面而得名。

觀音傳奇

觀世音菩薩（梵文：**अवलोकितेश्वर**，Avalokiteśvara），又譯為觀自在菩薩，簡稱「觀音菩薩」，這位佛教神祇是東亞民間普遍敬仰崇拜的菩薩，也是中國民間信仰所崇信的「家堂五神」的首尊，台灣民眾常將之繪製於家堂神畫「佛祖漆」上，與自家所祀神明一同晨昏祭祀。佛教的經典上說觀世音菩薩的悲心廣大，世間眾生無論遭遇何種災難，若一心稱念觀世音菩薩聖號，菩薩即時尋聲赴感，使之離苦得樂，故人稱「大慈大悲觀世音菩薩」，為佛教中知名度最高的大菩薩，有「家家阿彌陀，戶戶觀世音」的讚譽。

福佑宮

福佑宮是淡水最老的廟宇，1732 年左右應已草創，1796 年重建迄今。廟內供奉媽祖，是早期乘船移民及商貿的守護神祇。也是早期全淡水的信仰中心。廟口兩側街道是淡水最早的街衢。大前方即為舊時登岸碼頭。這裡也是淡水發展的起點。中法戰爭期間（1884~85）該廟因佑護漢人免招法國海軍的進侵，獲光緒皇帝頒贈「翌天昭佑」匾額。福佑宮被列為三級古蹟，廟中有古匾額、石柱、石碑等歷史文物。其中 1796 年刻製的「望高樓碑誌」即記載淡水商賈籌建燈塔事蹟。

十三行博物館

十三行博物館位於今淡水河左岸出海口,為一座考古博物館,二級古蹟。
1957 年地質學者林朝棨勘查後定名為「十三行遺址」,後經考古學者
陸續發掘出極具代表性之文物及墓葬等,為距今 1800 年至 500 年前
臺灣史前鐵器時代之代表文化。其人種可能與平埔族中凱達格蘭族有
關。出土重要文物為陶器、鐵器、煉鐵爐、墓葬品及與外族之交易品等。
1989 年動工興建,2003 年 4 月開館營運。博物館週邊區域具豐富多
樣的遺址古蹟、自然保留區、水岸景觀、歷史民俗、產業文化及公共設
施等資源,串聯成為「淡水河八里左岸文化生態園區」。

尋奇對話

Q 這裡為什麼叫做「十三行」？

A 因為清末有十三家洋行在這裡設了分行，當地人就稱它「十三行」。

Q 早期這裡的居民應該都是大航海家囉？

A 是的。台灣的所有原住民都是大航海家的後裔！16 族原住民是在不同時期，算準洋流從大陸沿海或鄰近島嶼，坐上「獨木船」（Banka），冒著身命危險，飄洋過海而來的。此地的原住民生活在 1500~2000 年前，是北台灣平埔族當中凱達格蘭族祖先。

Q 現在這裡可以直航到中國大陸嗎？

A 是的。從 2013 年 10 月起，從台北港（八里）便可直航到福州（平潭）。只要花上 3 個小時。過去漢人坐帆船過來，可要花上好幾天！

Q 觀世音菩薩是男？還是女？

A 按照佛教的說法，佛是中性的，大菩薩也是中性的。其實，唐朝的觀世音菩薩是男相。可能祂經常化身女性指點眾生之故，更可能祂救苦救難是母愛的象徵之故。

Q 「媽祖」是誰啊？

A 相傳她是宋朝福建漁家的女子林默娘，因捨身救起船難的父兄，而有了海上拯救者的形象。媽祖信仰遍及華南沿海各地及東南亞，信眾超過2億人。單單台灣就有超過900座伺奉的廟宇。

淡水河岸

Tamsui
06

從老街至小漁港間長 1.5 公里的淡水河沿岸，區公所命名為「金色水岸」。因為晚霞時分，這裡經常會被夕陽照得金碧輝煌。一路有林蔭步道、親水河岸、水上舞台、咖啡座椅區、觀潮灣、觀潮藝術廣場等設施，小漁港的 8 棵百年榕樹是民眾最喜歡的乘涼、垂釣、觀賞夕陽的地方。商家捐贈余蓮春的〈戲魚〉，上原一明的〈舟月〉，賴哲祥的〈迎曦〉等三件藝術雕塑品更增添了河堤的藝術氣息。河岸沿路商家林立，特色咖啡館、異國餐廳、創意商店毗連而立，是休閒散心的最佳去處。

民歌響起

「民歌」來自民間由國人自行填詞、作曲、演唱的流行歌曲。最初在大學校園裡傳唱，故也叫「校園民歌」。它是一股社會的反省力量，尤其來自彼時年輕人內心的吶喊。從 1970 年代末起風行全台，是台灣本土意識的迸發及文藝創作能量的引爆。當中帶頭的靈魂人物就是淡江大學校友的李雙澤（1949~1977）。1976 年，他在淡大校園的一場演唱會上，帶著一瓶可口可樂走上台，問台下的觀眾：「無論歐美還是台灣，喝的都是可口可樂，聽的都是洋文歌，請問我們自己的歌在那裡？」在一片詫異中，他拿起吉他唱起李臨秋先生（1909~1979）填詞的歌謠〈補破網〉，當下引起熱情的共鳴。

水岸畫影

淡水小鎮，山河海交接，風景壯麗。昔為北方大港，人文歷史韻味深厚。復以開埠甚早，往來交通，東西文化交織，多元特色，極易引發詩人墨客歌詠，畫家攝景。日據時代起，尤其吸引專業畫家至此作畫寫生，素有台灣畫家「朝聖地」之美名。它自成一格的「歐洲小鎮剪影」，美洲風格的哥特教堂、停泊岸邊的船隻、水中行駛的渡輪、山巒起伏的觀音群山、或霧靄茫茫的河口風景都能一一入畫。台灣最早一代的西畫家幾乎無人不曾蒞此，並留下歷久彌新的淡水風光。

葉俊麟的發想……

1957 年，擔任編劇的葉俊麟先生隨外景隊來到淡水，黃昏時他沿著河邊獨行。落日慢慢沉入海面，居民擠在渡船口迎接歸來的漁船。忽有歌聲隱約斷續傳來，他尋覓歌聲來處，抬頭望見不遠斜坡上的閣樓，一名女子佇候在門後，遙望渡船口一家和樂的場景，那女子的神情觸動了他寫下這首傳唱不墜的名曲。……

〈淡水暮色〉

作詞 / 葉俊麟　　作曲 / 洪一峰，1957

日頭將要沉落西　水面染五彩
男女老幼在等待　漁船倒返來
桃色樓窗門半開　琴聲訴悲哀 啊……
幽怨的心情無人知。

朦朧月色白光線　浮出紗帽山
河流水影色變換　海風陣陣寒
一隻小鳥找無伴　歇在船頭岸 啊……
美妙的啼叫動心肝。

淡水黃昏帶詩意　夜霧罩四邊
教堂鐘聲心空虛　響對海面去
埔頂燈光真稀微　閃閃像天星 啊……
難忘的情景引人悲。

尋奇對話

Q 這裡這麼多遊客，應該都是捷運載來的吧？

A 是的。捷運淡水線 1997 年通車，初期很少人搭乘，還賠了錢。如今班班客滿，星期假日更是「一位難求」。

Q 淡水最多可容納多少觀光客？

A 2014 年春節期間，因為天氣晴朗、溫暖，創下單日超過 10 萬人紀錄！整個河堤及老街擠得寸步難行，從高處看，簡直像一堆沙丁魚群。

Q 這樣那能做休閒及觀光？

A 大概只能湊熱鬧、看人潮吧！其實，非假日或清早，淡水是很寧靜且悠閒的。

Q 民歌由淡水出發，很多人也寫歌來歌頌淡水。淡水有沒有音樂學院？

A 只有遠在關渡的國立台北藝術大學設有音樂學系，其他學校都沒有。但這不礙事啊！淡水讓人真情流露，很容易就讓會人創作出貼近庶民的歌曲。譬如 1997 年陳明章先生作曲填詞的〈流浪到淡水〉就紅遍全台大街小巷。

Q 淡水河邊跟以前有何不一樣？

A 就我印象所及，以前這裡只是個小漁港，魚腥味很重，遊客不多。現在河岸（包括對岸八里的河堤）整治了很多，變成了觀光休閒河岸，很現代感，也很商業化！

淡水老街

Tamsui
07

淡水曾是北台灣第一大港，因基隆港開通及泥沙淤積，逐漸喪失商務功能，迅速沒落成為一座地方小漁港，現已轉型為觀光休閒小鎮。中正路老街一帶，雖新式樓房林立，依然可見到許多老式磚造店舖，反映出本地的開發史。古老寺廟林立，漫步在坡道間，造訪淡水老街應能體驗先民的生活點滴。老街位於中正路、重建街、清水街等一帶，因鄰近淡水捷運站，交通方便，每到假日總是人山人海。尤其中正路，堪稱淡水最熱鬧的街道。老街區也集美食、小吃、老街為一身，近年來更因不少古董店及民藝品店進駐，也營造出民俗色彩與懷舊風味。

重建街

轟立山崙上的重建街是淡水歷史
悠久的老街，也是發展最早的商
業街，更是外地人體驗淡水山
城味道最好的一條街道。重建
街原本是一條蜿蜒五、六百
公尺的歷史街道，是昔日的
「頂街」，當年是陸路交通的要道，
往下直通碼頭，往上連接山丘上方的聚落村莊。從
19 世紀末的 50 年一直是繁榮鼎盛。不少淡水著名政治、金融、教
育界的名人都是世居此地。由於建在起伏不平的山坡上，房屋與路面常
形成高低落差，相當特別。如今還保存幾間舊式長條形街屋，古意盎然。

讚滿重建街！

〔中國時報 / 2013.12.02 / 謝幸恩 報
導〕超過 230 年歷史的淡水重建街，
仍保有四處以上古蹟，但新北市政府
因公共安全疑慮，年底推動第二階段
拓寬工程，文史工作者在網路上發起
「讚滿重建街」活動，1 日吸引數百
位支持者以柔性訴求，希望市府讓
重建街「原地保留」。短短 380 公
尺餘，全以石階堆砌而成，一路蜿蜒而上，可
見兩側饒富人文氣息的古厝。地方居民說，有的房子可見到中法戰爭時
所留下的彈孔，見證了淡水的興衰。

白樓

淡水「白樓」原本坐落淡水三民街週邊坡地，約建於 1875 年，外牆白灰因而得名。據傳為板橋富商林本源出資，由馬偕博士門生嚴清華所建，再租予猶太商行，之後曾改作一般公寓雜院。白樓在 1992 年因失火，而拆除改建。由於它曾是許多老輩畫家的入畫題材，如今只能在這些畫作裡尋得它的風采。2009 年，淡水文化基金會特別委託彩墨畫家蕭進興在最接近白樓舊址上坡路段，利用右側牆壁，畫下白樓舊觀，並延伸至周遭景致。這堵長卷式壁畫，耗費數月始完工，可一覽無遺俯瞰淡水，堪稱淡水最生動、最震憾人心的公共藝術。

紅樓

該建築原是船商李貽和的宅第，與已經拆除的「白樓」齊名。1899 年落成，由於李貽和所經營的兩艘貨船發生撞沉意外，在 1913 年轉賣給時任台北廳參事的洪以南。洪以南在成為這棟紅樓的主人後，為它取了「達觀樓」的雅號。

紅樓採西方洋樓式風格，與淡水英國領事館公邸外觀相近，其屋前寬闊庭院，四周輔以小徑、階梯相通，為早年景觀最佳之房舍。直至 1963 年，轉賣給德裕魚丸的洪炳堅夫婦。1999 年年初整修紅樓，期間曾多方請教建築、歷史、藝術等專家學者。於 2000 年元月正式對外營業，成了一家複合式餐廳與藝文館。

尋奇對話

Q 這些藝文人士呼籲保存老街的溫和訴求很有意思。他們是怎麼湊在一起的？

A 在台灣每個有歷史的城鎮都會自發地組成「文史工作室」，定期有些討論及表達。我想他們是透過網路集結的。

Q 聽說台灣的臉書人口密度是世界最高之一？

A 現在使用 Line 的人也越來越多了。以前搭車，車廂內很喧嘩。現在即便人很多也很安靜，因為男女老少都在滑手機！

Q 重建街的上坡階梯很有古意，也很特殊。因為每一階梯都不會太高，走起來也不致於太累。

A 是啊！這些階梯都有一、二百年的歷史，也不知道有多少人從上面走過。我們可以想像當年人聲鼎沸的場景……。因為要上下貨的關係，所以每個台階都不會做得太高，連老人家來走都沒問題。

Q 「讚滿重建街」這個標語是很棒的雙關語！

A 「讚」與「站」在台灣式國語裡是同音字。「讚」表示「支持、同意」；「站」表示「出席、佔據」。

Q 「紅樓」整修得很細膩，很棒。可以想像當年的氣派及華麗。

A 這裡的景觀特別好，最適宜觀看夕陽及夜景。我請你上去喝杯咖啡吧！

Tamsui
08

殼牌倉庫

殼牌公司（Shell）儲油倉庫和油槽以及英商嘉士洋行倉庫，位
於捷運淡水站旁的鼻仔頭，佔地面積約 3000 坪。1894 年 11
月由茶葉外銷洋行「嘉士洋行」所承租，用以經營茶葉貿易。
1897 年由殼牌公司買下，並增建四座大型磚造儲油倉庫，並鋪
設可接通淡水線鐵路的鐵道，大規模經營起煤油買賣。也由於
煤油臭氣瀰漫，淡水人稱之為「臭油棧」。直到 1944 年 10 月
遭美軍轟炸導致油槽起火，三天三夜才被撲滅。2000 年指定為
古蹟，殼牌公司也將此捐贈給淡水文化基金會。2001 年於此創
辦「淡水社區大學」。2011 年規劃為「淡水文化園區」。

淡水社區大學

淡水社區大學於 2001 年 8 月正式開學，課程豐富又多樣，有很多大學院校裡不可能出現的課程，收費又特別低廉，是推動公共教育最佳的空間。在它的校務規程中明訂「以促進終身學習，提昇社區文化，參與社區營造，發展公民社會為宗旨」，自我期許要不斷落實教育改革的理念。淡水社區大學的特色就是結合古蹟，再融入在地文化，認識淡水等相關課程。這個學校很自豪，因為他們的教學空間是百年古蹟！

淡水文化園區

淡水文化園區，即殼牌倉庫舊址與週遭綠地及濕地，經新北市政府修繕完工後，於2011年正式對外開放。「淡水文化園區」占地約1.8公頃，園區內有八棟老建物，還有搬運油品的鐵軌遺跡。修復的八棟建築物，皆以紅壁磚、土漿疊砌，其中六間是儲放油品的倉庫，一間幫浦間，另有一間鍋爐間。經歷過數度經營轉移以及戰火摧殘的市定古蹟淡水殼牌倉庫，終於以全新的姿態風華再現。內設有教學中心（淡水社區大學）、展演區、露天舞台、藝文沙龍、生態區、濕地等空間。

鄞山寺 / 客家會館

鄞山寺，建於1822年，二級古蹟，寺內奉祀定光古佛，定光古佛是中國南方客家人的祭祀圈才有的信仰。該寺大體上完整保存道光初年原貌，包括當年施工的的屋脊泥塑都相當完整。

為現今台灣唯一保存完整的清時會館。會館就是同鄉會會所，以互相濟助為目的。主要因為在清道光年間從汀州移居台灣北部的客家人越來越多，汀州人怕漳州、泉州人欺負，所以在上岸處集合形成聚落，並出資蓋地方會館，後續自唐山渡海來台的人，可臨時落腳寄居在這樣的地方會館裡。

尋奇對話

Q 把歷史古蹟跟生態環境結合在一起是挺不錯的點子。

A 是的。最重要的還是「管理」。所以政府 2007 年通過設置「鼻仔頭史蹟生態區」，將 5 個歷史古蹟：鄞山寺、湖南勇古墓、淡水殼牌倉庫、淡水水上機場、淡水氣候觀測所，以及周邊的自然生態資源一起納入管理。

Q 台灣人很重視環保和休閒？

A 這是最近 10 幾年的事。尤其是環保署的設置，發揮不少功能。文化部的運作也相當正面。休閒與生態似乎是民眾自覺自發的需求。

Q 感覺上，淡水蠻能與世界接軌的。

A 歷史上的淡水一直都很國際化！現在的台灣不僅民主，也非常開放。不過很多歷史感消失得特別快，歷史的痕跡要特別細心的加以保存！

Q 聽說社區大學裡老人學生特別多？

A 是的。一方面是許多公職人員可以提前退休，他們衣食無慮，身體也夠好，總會想出來參與社會活動。另一方面台灣人的人均壽命提高了，所以老人的需求也增多了。華人社會有句銘言：活到老，學到老！

Q 現在我明白了，淡水除了是年輕人的天堂，將來也可能老年人最愛居住的城市！

A 老實說，淡水還是吵了一點，交通尤其擁擠！除非我們犧牲一點環境，建好交通，才有此可能。

Tamsui
09

滬尾砲台

滬尾砲台位淡水北方，建於 1886 年。佔地約 8 公頃，為台灣首
任巡撫劉銘傳所建，以捍衛淡水港。該砲台雖停用多年，因長
期屬軍事要塞，保留狀態頗佳。營門上仍留存劉銘傳親筆所題
之「北門鎖鑰」碑文。西班牙人也曾在此建造砲台，荷蘭人延用。
荷蘭撤走駐軍時曾將之燒毀。清廷在 1808 年加派兵力，駐防該
地，1813 年並在現址興築砲台。中法戰爭後，清廷命當時的台
灣巡撫劉銘傳加強台海防務。日治時期，日軍撤下當時在滬尾
的四門砲塔，將此地改作砲兵練習場地。國民政府重新賦予滬
尾砲台國防任務，派兵駐守。1985 核定為二級古蹟，整修後開
放民眾遊覽。

油車口

1884 年滬尾之役的古戰場，相傳 300 年前由泉州移民所開闢，18 世紀中葉，有郭姓泉州人在此開設油坊因而得名。油車口碼頭則是淡水拍攝婚紗照的熱門景點。此處可一覽觀音山、淡水河、漁船及夕陽，交互搭配，格外秀麗。油車口的忠義宮蘇府王爺廟，是淡水地區最大王爺廟，每年農曆的 9 月初九重陽節，都會舉辦燒王船的祭典。30 多年前廟旁的黑色老厝，曾開一家物美價廉的小吃店，人稱「黑店」，以排骨飯打出名號，後因道路拓寬遷往附近，每逢用餐時刻依然門庭若市，車水馬龍，蔚為奇景。

中法戰爭 / 滬尾戰役

1884 年 8 月，法軍圖佔領北台灣，派軍艦進犯，爆發中法戰爭－滬尾之役。當時台灣巡撫劉銘傳發現淡水重要性，擔心法軍可由淡水河直接進入台北府城，因此決定棄守基隆，把兵力改移至淡水。當時清朝在淡水的沙崙、中崙、油車口修築砲台均遭法艦砲轟摧毀。劉銘傳任命提督孫開華，負責整修淡水防禦工事，以填石塞港，佈置水雷，建造城岸，修築砲台禦敵。10 月 8 日，孫開華帶領清兵及鄉勇，奮勇抗敵，擊退法軍。此為清廷難能可貴之勝戰。法軍後來封鎖海岸半年餘始撤走。

北門鎖鑰

指北城門上的鎖及鑰匙，後借指北方的軍事要地。1885 年滬尾戰後，清廷加強防禦工事。劉銘傳聘請德籍技師巴恩士（Max E. Hecht, 1853-1892）監造，並自英國購入 31 尊大砲，1889 年安裝竣工。惟新砲未曾參與戰事，故基地建築保持相當完整。現存東南方的營門上的碑文「北門鎖鑰」為劉銘傳親筆所提。這也是劉銘傳在台灣本島所建砲台，唯一碩果僅存的一座，具有其特殊的意義與價值。巴恩士也因建成此一海防利器有功，還獲清廷贈勳及賞銀表揚。39 歲歿於台灣，葬於淡水外僑墓園。

尋奇對話

Q 這裡居高臨下，視野極佳，的確是鎮守的好地方。

A 這裡是所謂淡水的「五虎崗」的第一崗，習稱「烏啾崗」。
另一頭就是老淡水高爾夫球場，它是台灣最早一座高爾夫
球場，1919 年由日本人建成。原先這塊地還是清軍的練兵
場。

Q 湖南人與淡水人還蠻有關連的？

A 當初清廷由大陸調來台灣防守的正規軍一大部份來自湖
南。1884 年滬尾之役的守將孫開華也是湖南人。在竿蓁坟
場還有一座湖南勇古墓。

Q 台灣很流行婚紗照，聽說還外銷到中國大陸去？

A 婚紗是筆好生意！台北市區還有一條「婚紗街」。大陸的
婚紗照幾乎都是台灣業者去開發的。

Q　婚紗照是否一定會選上風景最美的地方拍攝呢？

A　這是所謂的「出外景」，就是戶外婚紗照。當然要選居家附近風景最美的地方拍攝。預算多的還可以安排出國拍攝，順便渡蜜月！所以婚紗攝影師往往就是旅遊景點的最佳探子。

Q　拍了婚紗照是否比較不會離婚呢？

A　過去台灣的離婚率很低，現在比較高些。的確，年輕夫婦如果鬧彆扭，若去翻翻婚紗照，或許就會打消分手的念頭。

Tamsui 10

漁人碼頭

淡水漁人碼頭，位在淡水河出海口東岸，前身為 1987 年開闢的
淡水第二漁港，鄰近沙崙海水浴場，是淡水最新開發的觀光景
點，於 2001 年 3 月正式完工並對外開放，以其夕陽景色及新
鮮的漁貨聞名。目前除了觀光休閒設施之外，仍然保有其漁業
港口的功能。浮動漁船碼頭約可停泊 150 艘漁船及遊艇，河岸
觀景劇場平台最大能容納 3000 名觀眾。白色的斜張跨港大橋於
2003 年 2 月 14 日情人節當天正式啟用，故又稱「情人橋」。
在橋上可欣賞夕陽景色，總長約 164.9 公尺。水路及陸路交通皆
可通達，有一座 5 星級景觀旅館。

情人橋

「情人橋」位於漁人碼頭上專供行人步行的跨港景觀大橋。長 164.9 公尺、寬 5 公尺，最高處 12 公尺，微彎的大橋柱側看像似流線船帆造型，遠觀整座橋的色彩是白色，但細看其實是淺白又帶點粉紫與粉紅色的柔美色調。由於大橋的造型優美而浪

漫，視野非常遼闊，因此目前已成淡水風景的地標景點。情人橋有個美麗的傳說：情人們若是牽著手、心繫著彼此，相偕走過情人橋，那麼兩人的戀情將更加美麗，但若在走過情人橋的中途，有人回頭了，或把手放開了，那麼未來，他們的戀情將會受到許多考驗。

情人塔

耗資近 3 億多元打造的漁人碼頭「情人塔」於 2011 年 5 月正式啟用，塔高計 100 公尺，每次可容納 80 人，可提供淡水區域 360 度全視野景觀。瑞士製造，耗時 4 年打造，是台灣第一座百米觀景塔，有 360 度的旋轉觀景塔，外加一座可

觀賞淡水景色的圓形座艙，座艙外罩為整片式安全玻璃防護罩，可有效防風雨。乘客進入座艙中，座艙會緩慢調整上升與下降的角度，隨著情人塔緩緩旋轉上升，登高望遠，可將淡水美景盡收眼底。

休閒漁港

漁人碼頭雖然能保有漁業港口的功能，但幾乎已轉型為「遊艇碼頭」，它的浮動碼頭上經常停滿各式各樣的小遊艇。它們的主人大多是台北都會裡的富豪人士，因熱愛海上活動，買了遊艇，將這裡當「停船場」，有空才會開出海兜風。這裡是「藍色公路」的重要景點，來自各處的客船都會在此停泊。藍天碧海，漁船遊艇，尤其傍晚時分，滿天湛紅，也是北台灣難得一見的濱海風情。

淡江大橋

淡江大橋將是一座跨越淡水河河口的雙層橋樑，為台灣第一座鐵路軌道和道路共構的雙層橋樑。1980 年代末提出興建計畫，全長 12 公里，包含主橋 900 公尺及兩端聯絡道，屬於雙層橋樑，橋面總寬 44 公尺，橋高 20 公尺，下層橋樑，設計車輛行駛時速 100 公里，上層橋樑，中央規劃為 8 公尺寬的輕軌路軌，耗資新臺幣 153 億元。將於 2016 年動工，並計於 2020 年完工通車。預計完工後，可以舒緩關渡大橋的交通流量，並且帶動淡海新市鎮的開發。

尋奇對話

Q 從高處看淡水，確實別有一番風情。整個城鎮看起來很休閒，也很幸福！

A 最近台灣也有人從空中拍了一部紀錄片《看見台灣》，很新奇，也很令人感動。台灣真的有如 400 年前航行經過此地的葡萄牙水手的驚呼「Ilha Formosa!」（美麗之島）那樣。

Q 不過，聽說這部紀錄片也讓許多台灣人警覺到過度開發的後果……。

A 是啊！有節制的開發是必要的。未來的「淡江大橋」也是花了 20 多年的討論才順利通過的……。

Q 橋應該是優先且必要的項目。屆時淡水可能更加繁榮了！

A 我們希望它是有計畫的成長，不然「人滿為患」，古有明訓！

Q 夏天這裡很熱鬧，冬天應該很少人來吧？

A 夏秋兩季這裡很熱鬧，幾乎像極了國外的渡假聖地，有音
樂會，有藝術市集等等，最重要的是天天可以欣賞日落，
看霞光滿天。春冬多雨又寒冷，旅客自然少了許多。不過，
當地的旅遊業者也有許多吸引遊客的配套措施。

Q 聽說這裡的海鮮很地道？

A 淡水究竟還是漁港，自然有許多新鮮的漁貨，那就看你敢
不敢嘗試哩！

到了捷運「紅樹林站」一眼就可看到綠油油的一片紅樹林。
1986年它被劃為「淡水紅樹林生態保護區」，總面積為76公頃，
是淡水河從上游所堆積而成的海岸沙洲沼澤區，也是台灣面積
最大，全世界緯度最北的紅樹林自然分佈地點。這些生命旺盛
的水生植物因枝枝泛紅而得名。紅樹林這種濕地生態系統對人
類有很高的利用價值，包括保護堤岸、河岸、海岸，供應魚苗
資源，提供野生物棲息及繁殖場所，海岸景觀林，休閒旅遊場
所及提供薪材，也有「水中森林」及「候鳥樂園」之稱。

白鷺鷥

白鷺鷥是台灣很普遍的留鳥，它們經常活動於水澤、湖泊附近，以魚類、蛙類及昆蟲為主食。喜歡群體居住，淡水紅樹林就是它們最大的家，估計有數百隻棲息於此。每到傍晚時分，三五成群翱翔歸巢，吵嚷聲此起彼落。白鷺鷥體色潔白，含有聖潔之意。步伐穩重、氣質高貴，活動敏捷、飛行姿態優美。傳說中，白鷺鷥棲居福地，在有水稻的地方，就有白鷺鷥前來啄蟲，保護農作。

水筆仔

竹圍至淡水之間的紅樹林是全然由「水筆仔」所組成的樹林。其得名係因為幼苗像筆一樣懸掛在樹枝上，長約 10 到 15 公分。這些樹的果實仍在母樹上時，胚即自種子長出，形成胎生苗。幼苗垂掛在枝條上，可自母株吸取養份。當幼苗脫離母株時，有些可插入泥中，側根再長出，再長成幼樹。有些幼苗縱使沒有順利插入泥中，能隨波逐流，再定著在適當地點。在鹽度高、土質鬆軟、缺氧及水中含氯量高的環境下，胎生現象正是最有利的適應方法。

生態步道

「淡水紅樹林生態步道」入口就在捷運紅樹林站旁，這段步道由實木搭建，在紅樹林生態區中蜿蜒而行。長度短短不到 1 公里，沿途便可眺望觀音山景、欣賞淡水河風光及濕地多元動植物生態。 站在步道上可以近距離觀看、甚至觸摸水筆仔。招潮蟹就在腳下肆意「橫行」，白鷺鷥在不遠處緊盯水面追蹤獵物。除了美麗的風景、有趣的潮間帶生物，這裡還有許多讓愛鳥人士趨之若鶩的野鳥。也是溼地生態實地教學好去處與賞鳥好地點。每年 9 月至隔年 5 月為候鳥過境的季節，是賞鳥的好時機。

尋奇對話

Q 台灣人好像很喜歡白鷺鷥？往淡水的公路旁也有它們飛舞的圖案！

A 是的。有一首耳熟能詳的台灣童謠，歌詞是：「白鷺鷥車畚箕，車到溪仔墘，跌一倒，拾到一先錢。」指小孩子一無所有，希望化成白鷺鷥，能碰到好運氣，在路上撿到錢！

Q 淡水的紅樹林會有許多候鳥經過嗎？

A 據野鳥協會統計，大約會有10餘種。不過數量應不會太多，因為太靠近市區，人聲鼎沸，覓食也不易。不過體型較小的候鳥比較常見，尤其在關渡平原，那裡還築了好幾間觀鳥小屋，可就近觀看。

Q 關渡平原應該就屬於所謂的「濕地」了？它有受到保護嗎？

A 應該算是有。政府將它列為「低度開發區」。現在台灣人越來越重視保留「濕地」，也更積極地加以利用，譬如，規劃成保育區、生態教育園區，或者親子休閒區等等。

Q 聽說關渡平原以前還是一片大沼澤，唭哩岸以前還是個河港？

A 事實上，台北盆地以前有許多地區也是沼澤地。目前有些地方的地面只比海平面高出一點而已！所以經常會鬧水災。台北捷運以前也被大水淹過，停駛了好幾個星期。

Q 所以台北是個「水鄉澤國」？

A 治水一直都是台灣很重要的施政，但我們現在很喜歡親水！

淡水小吃

Tamsui
12

淡水是的傳統的漁港，過去更是台灣重要的通商口岸，因此物資豐富，海產類更是這裡的一大特色，加上交通、歷史與地方發展，孕育出豐富而多元的飲食文化。淡水老街歷史悠久，也發展出多樣的飲食風貌。淡水的小吃百百種，但最有名的有魚丸、魚酥、「鐵蛋」、「阿給」。這些有名的小吃大部分是就地取材，反映基層民眾的基本飲食需求，也烙印著許多文化融合及社會嚮往。從普羅市井小吃到海鮮大餐、異國料理等。其中「阿給」及「鐵蛋」更是淡水老街最具特殊風味的小吃。

魚丸

淡水早期是漁港，漁獲量大，以致於供過於求，捕來的漁獲除了在市場販賣外，更延伸出許多附加產品，如魚乾、魚酥、魚丸等。魚丸是將中、大型魚肉（鯊魚或鬼頭刀）磨成魚漿後，加少許太白粉和水調和，製成魚丸外皮，中間則包入特殊的豬肉燥。煮湯食用，香味濃郁。其實全世界各地都有「魚丸」，口味的差異多來自魚種及手工，還有配料。

鐵蛋

早期在淡水渡船頭的一位麵攤子老闆娘阿哖婆，將賣不出去的滷蛋回鍋再滷，結果，滷蛋變得又黑又小，像鐵一樣，有些顧客好奇，就買來試吃，覺得又香又耐嚼，於是聲名漸漸遠播，「鐵蛋」因而得名，習稱「阿婆鐵蛋」，成了淡水有名的特色小吃。鐵蛋的製作過程很費工費時，每天必須用醬油及五香配方調配的滷料，經過幾個小時的滷製，然後用風乾，反覆持續幾天才能完成。

傳統糕餅

淡水有許多老字號傳統糕餅舖，傳統古早餅，口味眾多，多遵行古法精製、每一個糕餅都保留著令人懷念的古早味，每一口都能讓遊客感受到回味不盡的鄉土味，是淡水重要的傳統美食。1984年其中一家新勝發，還曾獲得日本糕餅比賽博覽會的金賞獎！台灣婚習俗中，女方會訂做許多「禮餅」分贈親友，為了不要「失禮」，大多會精挑細選風味及口感一流的淡水喜餅。

魚丸博物館

充分利用淡水漁港龐大的漁獲，1963 年登峰公司創新開發出淡水魚酥，目的是提供民眾一份佐餐品，之後成了休閒食品、觀光禮品。2004 年，店老闆在淡水老街上開設「魚丸博物館」供民眾參觀，它是全台第一座以魚丸為主題的博物館，也能安排 DIY 參訪的「觀光工廠」。博物館佔地約 70 餘坪，共有三層樓，一樓為產品販售區，二樓為展示廳，陳列許多捕魚的古董器皿及歷史照片圖說，還展示一支 1884 年中法滬尾之役法國海軍陸戰隊所使用的制式步槍（Fusil Gras M80 1874）原品。

阿給

「阿給」是日文「油豆腐」（あぶらあげ / 阿布拉給）發音的直接簡化音譯。做法是將四方形豆腐中間挖空，然後填入冬粉，再以魚漿封口後，加以蒸熟，食用時淋上甜辣醬，再加上魚丸湯或大骨湯汁，即是讓人食指大動的阿給美食。「阿給」應是淡水口味最獨特的地方小吃。1965 年由楊鄭錦文女士所發明，起初是因不想浪費賣剩的食材，而想出的特殊料理方式。創始店位於淡水鎮真理街上，專作學生的早餐與午餐。

尋奇對話

Q 很多人來台灣觀光旅遊很可能就是衝著想享用這裡的美食？

A 台灣的美食在世界排名數一數二，可以跟它媲美的大概只有地中海菜及日本料理。此外，在台灣，人們幾乎可以吃到中國各地的佳餚。在香港及中國大陸就沒有這種多樣性。

Q 美食和小吃有何不同？

A 美食是大宴，通常會有 10 到 12 道菜餚。小吃通常只有單味，傳統市場邊都吃得到。尤其在夜市，它更是以提供各式各樣的小吃為賣點。

Q 聽說現在台灣政要宴請國外貴賓，甚至在國宴上，也會安排推薦台灣地方小吃？

A 對啊！因為有些小吃還真的在其他地區，或國家根本吃不到！是真正的「台味」！

Q 台灣小吃有幾種？那裡吃得到？

A 應該沒有人統計過，即便同樣一款，各地的口味、配料也不同！要吃小吃一定要到夜市。也有一些餐廳開始專賣台式的小吃。但並不是所有的小吃都能搬得上檯面的！

Q 所以，來台灣觀光旅遊一定要到夜市吃小吃！

A 不過，還是要提醒你，夜市小吃的衛生條件、服務及用餐品質一向不夠好，你心裡要先有準備！

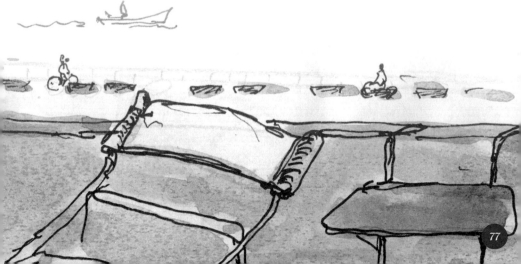

Tamsui
13

淡水藝文

淡水既是古代漢人移入的北方門戶，又是列強爭奪的據點，還
一度淪為日本殖民地達半世紀之久，早年是海峽兩岸及國際通
商的要埠，所以歷史古蹟、文物豐富。加上地勢優良，山海交接，
河運通達，所以人文薈萃，不僅城鎮生命力旺盛，文藝風氣亦
深烙民心。古代迄今定期有民間自發藝文活動，如廟會迎神、
樂團劇社。現今則規劃有淡水踩街藝術節、亞洲藝術村、雲門
舞集淡水園區等。淡水藝文活動的最大資產在於，它擁有人文
厚度、歷史感、國際觀，加上美麗的景致、旺盛的商業活動及
便捷的交通。

一滴水紀念館

「一滴水紀念館」位於滬尾砲台左側。該棟日式建築原是日本福井縣的古民宅，已有近百年的歷史，是日本作家水上勉的父親手所建的舊居，特別援引水上勉說的「一滴水脈有無限可能」做命名。1995 年阪神大地震時，這棟古民宅未遭毀壞。屋主為了讓同鄉災民有個懷想的地方，便把房子捐出。1999 年台灣發生 921 大地震，日本阪神地震的受災者來台協助災區重建工作，決定把這棟日式古民宅贈與台灣。經過一年多的努力，在來自日本及台灣志工 1300 人的攜手合作下，於 2009 年 8 月 16 日原封不動的組裝完成，並於 2011 年 3 月 29 日開館。

淡水大拜拜

「大拜拜」之意為：寺廟謝神或建醮等重大慶典時所舉行的儀式，及宴請流水席。所以會有迎神活動、親友相聚，大吃大喝的。早期先民渡海來台灣拓墾，因為水土不服、瘟疫、天災或戰亂等因素，移民會奉請家鄉守護神隨同來台灣，求消災解厄保平安。如今，拜拜已跨越宗教信仰的範疇，成為台灣人民生活文化不可或缺的一部份。「淡水大拜拜」是淡水祖師廟的慶祝活動，於每年舊曆五月初六（西曆六月中旬）舉行祭典，每年都萬人空巷，都得進行一整天的交通管制。

淡水藝術節

淡水國際環境藝術節踩街嘉年華，自 2008 年起，每年 10 月在淡水市區舉行。2013 年以「世界萬花筒」為主題，充分表現出淡水多元文化與異國風情，共有 50 個隊伍、超過 1500 人，以創意、熱情走踏淡水街道。這項藝術嘉年華的活動是由多位藝術家及社區居民通力合作和參與，將淡水的歷史、傳說、風土人文、及當代日常生活，化為創作素材。透過「藝術踩街」與「環境戲劇」演出，以呈現四百年來淡水的獨特藝術饗宴。近來也結合國際藝術團體的邀訪，使這項活動更具多元及吸引力。

尋奇對話

Q 「一滴水紀念館」的故事很感人，台灣與日本的關係真的很特殊，很密切！

A 台日民間交流一向很密切，觀光旅遊及商務貿易有來有往，而且十分興盛。透過眼見為憑及交流就更能瞭解對方！

Q 「雲門舞集」是國際最知名的台灣表演藝團，將來它的「淡水園區」應更可帶動此地的藝文活動及曝光率！

A 聽說當初是雲門主動選上淡水的！屆時整個園區會對外開放，包括供民眾參訪及安排表演工作坊。

Q 西方人或其他民族會用牛或羊當犧牲，台灣地區為何會選中豬當牲品呢？

A 台灣地區過去家家戶戶都會養豬。中文「家」字就說明一切：養了豬才能成家。這裡比較少人養牛羊，而且耕種的農民比較疼惜牛的辛勞，所以祭拜都用大豬公。

Q 聽說台灣也有養豬公這個專門行業，甚至還比賽誰養得最大隻？

A 這是一種榮譽，也是對神明的最大敬意。史上最重的豬公達1683台斤（合1010公斤）。那是要花好幾年細心照料才有可能。人們會宴客（通常都是流水席），也會分贈豬肉給親友。

Q 將來如果能將迎神、拜拜及藝術嘉年華會結合在一起，應該是蠻不錯的點子！

A 啊呀！你很適合當我們的文化部長！

淡江大學

Tamsui
14

一所沒有宗教、企業背景的大學，以校風開放著稱。也是一所「沒有圍牆的學校」。創辦之初，淡水居民出地捐輸功不可沒。校園與居民共享共營是一大特色。1950 張鳴（驚聲）、張建邦父子發想所創，初期為英語專科學校， 1958 年改制為文理學院，1980 年正名為淡江大學。迄今擁有淡水、台北、蘭陽、網路等 4 個校園之綜合型大學，有 8 個學院，27000 餘名學生，2100 餘位專兼任教職員工，及 24 萬多名校友，是台灣最具規模且功能完備的高等教育學府之一。《Cheers》雜誌在《2015 最佳大學指南》發佈 2015 年 2000 大企業最愛大學生調查，淡大第 18 度蟬聯私立大學之冠。

宮燈教室

淡江大學的風景及建物雅致，口碑相傳，揚名中外。早年還是電視連續劇及電影取景的熱點。當中最著名的首推興建於 1954 年的「宮燈教室」。它依山丘斜坡興建，雙排對稱的仿唐朝傳統建築，碧瓦紅牆，扶搖直上；前後綠地，窗明几淨。中央一長排宮燈，有 9 根仿古華表，18 條蟠龍，上方掛起兩盞宮燈。每當華燈初上，與一輪火紅夕陽相互輝映。其設計出自淡大建築系首任系主任馬惕乾之手，於 1955 年全部建成啟用，迄今已育逾半世紀！

海事博物館

淡江大學海事博物館為一獨棟 2134 平方公尺的船型建築，前身為「商船學館」，是淡江大學專門培育航海、輪機科技人才的搖籃。由長榮集團總裁張榮發先生捐資興建，並捐贈各項有關航海、輪機之教學設備。

後因國家教育政策的變更，奉令停止招收航海、輪機的學生，俟 1989 年送走最後一屆學生後，擘劃興建為全國首座「海事博物館」，展示古今中外各類的船艦模型。當時董事長林添福亦捐贈私人收藏的 50 餘艘全球知名船艦模型。1990 年 6 月開館，免費供各界參觀。

蛋捲廣場

位於淡大校園中心點的「蛋捲廣場」，原為一方正有中庭的二層樓綜合教室。1986年拆除改成綠地廣場，中央由建築師林貴榮校友設計一座建物，有四片「竹卷」繞圈，象徵古代的簡冊，故命名「書卷廣場」，因酷似蛋捲，遂有了「蛋捲廣場」之別名。從上俯視，像馬達中的轉軸，生生不息。雪白瀟灑的弧型造形，不論藍天、黃昏或夜晚，都呈現出不同的迷人景致。目前它是淡大許多社團聚會及大型活動舉辦的地方，也是每位淡江人拍照、懷念的景點。

淡大校歌

作詞 / 鄒魯　作曲 / 呂泉生

浩浩淡江 萬里通航 新舊思想 輸來相將

博學審問 明辨篤行 自成機杼 用為世匡

學戒驕固 技守專長 樸實剛毅 大用是彰

彼時代之菁莪兮 國家之貞良

（願）乾乾惕屬兮 莫辜負大好之時光

尋奇對話

Q 淡大畢業生連續 17 年獲企業界肯定，排名私校第一，全國第八！淡江畢業的學生還真的了不起！

A 主要原因是淡江大學是一所老字號的綜合型大學，做出了品牌。另外學風自由，學校治理相當前瞻及靈活。很早就提出三化：國際化、資訊化、未來化。

Q 擁有 24 萬名校友，應該是很大的社會資源。

A 換算一下，每 100 個台灣人就有一個是淡大畢業的！這還不包括他（她）們的家庭，他（她）們肯定都是淡江大學的代言人。這裡還出現過三代都是淡大畢業的！

Q 淡江大學已創立 60 餘年，一提到淡水都會想到淡江大學？

A 是的！淡江大學就屬於淡水。淡水基本上就是一座大學城。除了淡大，還有真理大學、聖約翰科技大學、台北海洋技術學院分校，及關渡基督學院等共 5 所高等學院。

Q 淡江大學畢業校友最懷念學校的地方是什麼？

A 四時變化的校園風景啊！尤其是古色古香的宮燈教室。每年 3 月校友回娘家日，校友們都會指定到宮燈教室裡重溫舊夢！

Q 淡江大學是民歌的發源地，音樂風氣應該很盛吧？

A 這裡沒有音樂系，但有一個很不錯的音樂廳。校園音樂活動一直很興盛，也養育不少知名歌手。藝文界及影視圈的校友也很多。反正，這裡很美，所以學生們都很懂得欣賞美！

河岸自行車道

Tamsui
15

淡水至紅樹林自行車道，沿河濱架設，車道長約 2.5 公里。可騎上公路延伸至淡海的漁人碼頭，亦可上關渡大橋，轉八里左岸自行車道風景區，直達十三行博物館。自行車道內只有行人及腳踏車才能進入，是最安全又愜意的單車之旅。自行車道一邊是綿延無際的海岸風光與濃密紅樹林水筆仔，一邊是疾駛如風的捷運，行在其中，山光水色盡收眼底。自行車道沿線設置觀景平台，不時可見白鷺鷥飛翔、招潮蟹橫行、彈塗魚的身影，可體驗淡水河岸好風光及對岸蒼鬱的觀音山、野鳥群飛、夕陽落日等美景。

假日單車

台北市政府自 2002 年開始規劃全市河濱自行車道，完成環繞台北市河濱，包括淡水河、基隆河、景美溪及新店溪等四大系統，南起景美、東自內湖，沿著河岸二側向下游延伸至關渡濕地，形成總長約 111 公里的河濱自行車道網絡。並根據各河川沿線不同的景觀及特色，將河濱自行車道規劃為「關渡、金色水岸、八里左岸自行車道」等不同休閒主題的自行車道。沿線豐富的自然、人文、古蹟等美麗景觀，提供給民眾假日的休閒好去處。完工以來，頗獲好評，假日騎單車幾乎蔚為台灣的國民運動！

河岸馳騁

台灣號稱自行車王國，捷安特（Giant）、美利達（Merida）早已是世界自行車十大暢銷品牌。台灣每年生產超過 440 萬輛自行車。許多國際名牌自行車也多委託台灣工廠生產。有 270 萬人以單車做為運動項目，70 萬人以單車為交通工具。單車環島更是最近最夯的運動項目。目前全台已建構完成 40 條自行車道，約有 1180 公里。其中大多沿河岸開闢。淡水到新店河岸自行車道全長 60 公里，假日騎乘人口更如過江之鯽。一方面運動休閒，另一方面親近河水，達到生態休閒旅遊的目的。

微笑單車（U-bike）

由台北市政府委託捷安特自行車建置和營運，並以「YouBike 微笑單車」作為對外的服務品牌（以 U-bike 為標誌）。它採無人化自助式服務，於 2009 年 3 月開始示範營運，最後在 2012 年 11 月正式啟用。YouBike 目前已經發出 13 萬張會員卡，累計的租賃次數超過 100 萬人次。截至 2014 年 2 月，YouBike 在台北市共有 158 個租賃站點。這項創舉開辦之初虧損連連，後來改成前半小時免費及廣設據點，租乘才蔚為風氣，成了台北市一項特殊景觀。人們也可以在淡水自行車道上看到它的蹤影。

尋奇對話

Q 聽說你曾去單車環島過，總共花了幾天？

A 全程 900 餘公里，我們一共花了 9 天。不過專業型的可以 7 天，甚至 5 天，還有人挑戰 3 天！

Q 台灣的年輕人為什麼特別喜歡單車環島？

A 因為相當方便，這也是親近自己的土地的一種方式。網路 也鼓吹愛台灣的三項運動：單車環島、登玉山、泳渡日月 潭。

Q 聽說很多企業及單位為提醒員工多運動，還會舉辦企業團 體自行車旅遊？

A 最有名的應該是捷安特自行車製造場老闆劉金標老先生， 70 多歲的他還帶領高級主管單車環島好幾次！

Q 台北市的「微笑單車」相當有名，連《國際旅遊雜誌》
（*Global Traveler*）都曾專文推介。

A 2007 年法國巴黎街頭最早推出公共自助自行車（Vélib'），
帶起了一股自行車風潮，世界其他主要城市也紛紛跟進。
台北市的「微笑單車」租借系統便是取法巴黎，並將刷卡
系統結合捷運悠遊卡。

Q 外國觀光客也可以借用嗎？

A 當然可以！只要買一張捷運悠遊卡，在街頭的服務柱上自
行辦妥登記就可以了。

Hablemos sobre Tamsui

Tamsui
01

歷史上的淡水

TAMSUI HISTÓRICO

Tamsui, el más rico, legendario y pintoresco puerto de Taiwán, está ubicado a la ribera del río del mismo nombre y rodeado por varias colinas. Durante siglos, este terruño en el norte de la Isla Formosa y donde se funden el azul del mar y el verdor de la tierra, fue el lugar de destino para incontables oleadas de inmigrantes provenientes de China continental, así como de otros lugares en el Mar de China Meridional. El Tamsui actual conserva las huellas y el legado de estos grupos y las transformaciones del lugar a través de los años. Desde el tope del Monte Guanyin, en el extremo opuesto de la costa de Tamsui, se puede apreciar la particular belleza del "Puerto sobre el Río Tamsui", situado entre el triángulo formado por el largo río, las montañas circundantes y el mar; en una vista que atrae y fascina al observador. Los castillos de más de trescientos años de historia, los templos tradicionales de la Calle Vieja, las edificaciones antiguas de estilo occidental, la gran diversidad y belleza de los paisajes del lugar; unido al ajetreado pasar de la línea del metro que se desplaza justo al lado del río, la relajante y placentera ruta exclusiva para bicicletas, también a lo largo del río forman el ambiente ideal para un recorrido feliz y memorable.

UBICACIÓN DE TAMSUI

Tamsui se localiza en la cuenca noroeste de Taipéi, donde entra en contacto directo con el Estrecho de Taiwán, y siendo la desembocadura del río Tamsui la conexión entre la tierra firme y dicho mar. Hacia el este, Tamsui conecta con el distrito Beitou; al norte, con el distrito Sanzhi; mientras que hacia el sur, el río Tamsui marca la línea divisoria con el distrito Bali, el cual se divisa al otro extremo. Hacia el interior, la mayor parte del espacio está dominado por las colinas conocidas como "Los Cinco Tigres", las cuales forman la montaña Tatun. El extremo sur de la ribera del río Tamsui es el único lugar donde se presentan algunos pequeños llanos.

LAS OCHO VISTAS DEL NUEVO TAMSUI

1. Vista panorámica en Buding en las cercanías del Fuerte de Santo Domingo
2. Vista de la Montaña Tatun
3. Vista del mar desde la Playa Shalun
4. Vista de las riberas del río Tamsui
5. Manglares bajo el Puente Guandu
6. Puesta de sol a la desembocadura del río Tamsui
7. Monte Guanyin a la orilla del río Tamsui
8. Memorias de la Calle Vieja de Tamsui

ORIGEN DEL VOCABLO "TAMSUI"

Según el historiador taiwanés Chen Tsung-jen, durante sus largos itinerarios de navegación, las antiguas embarcaciones de China requerían resuplir sus raciones de agua dulce siempre que fuera posible, de donde el término "agua dulce" se hizo común para designar aquellos lugares donde las embarcaciones podían parar. Asimismo, durante el siglo XVII, llegaron al Asia Oriental las primeras oleadas de colonizadores occidentales y por su ubicación estratégica en esta región, la isla de Taiwán se convirtió rápidamente en el punto de intercambio comercial por excelencia. De este modo, el ya importante puerto del río Tamsui, en el Norte de Taiwán, se volvió aún más importante y necesario. El vocablo Tamsui aparece repetidas veces en mapas y documentos occidentales de la época, pero su romanización presenta diversas variantes, incluyendo "Tanchui" y "Tamchuy", en mapas y documentos españoles; "Tamsuy", en los mapas y documentos holandeses, etc. Estas romanizaciones en el siglo XVII del vocablo "agua dulce" en chino, terminó dando origen al nombre Tamsui para designar la zona comprendida por la desembocadura del río del mismo nombre, el puerto y la zona marítima y terrestre circundante.

SIGNIFICADO DEL VOCABLO "HUWEI"

Huwei, o Hobe, era el nombre original del actual Tamsui y existen al menos cuatro explicaciones sobre su origen: 1) Hu yu (accesorio de pesca); 2) Yu wei (cola de pescado); 3) Shi hu (aliviadero); 4) Huwei, transcripción fonética del nombre que usaban los aborígenes del lugar para su designación. El historiador taiwanés Chang Chienlung publicó un artículo académico titulado "Contexto del Nombre Huwei", en el que hace referencia a una carta cartográfica de la época del emperador Yongzheng de la dinastía Qing, titulada "Anexo de las Islas de los Pescadores en el Mapa de Taiwán". Chang destaca que la parte oeste de Tamsui está marcada como "Poblado Huwei", lo cual demuestra que este nombre viene de la transcripción fonética del nombre del lugar en la lengua aborigen local.

Preguntas y Respuestas

Q Este lugar es llamado "Tamsui", literalmente traducido como "Agua Dulce". ¡Qué interesante!

A Hay varias versiones sobre la historia del origen de este nombre. Una de las versiones dice que cuando los navegantes chinos *han* navegaban por estos mares, encontraron agua dulce en este lugar y por esto lo bautizaron con este nombre. Otro de los nombres antiguos de este lugar era "Huwei" pronunciado como "Hobe" por los locales, lo cual indica que este era quizás el nombre con el que los aborígenes del lugar lo habían designado.

Q ¿Luego de la llegada de los chinos han, qué otros países ejercieron su influencia en estas tierras?

A Luego de los chinos han, los primeros en establecerse en este sitio fueron los holandeses, luego de estos, llegaron los españoles, más tarde los franceses, los ingleses, y finalmente, los japoneses, quienes tras la derrota de la dinastía Qing, obtuvieron la Isla Formosa como recompensa. La Ocupación Japonesa se extendió por 50 años, retirándose finalmente en 1945 y devolviendo la Isla a los han.

Q Actualmente la Isla está poblada mayormente por miembros de la etnia han, ¿Cuándo llegó esta gran oleada de chinos han?

A Este lugar está bastante cerca de China continental, de hecho, la distancia más corta entre los dos lados es de apenas 130 kilómetros. A partir del siglo XVIII, ya habían empezado a llegar grandes oleadas de embarcaciones desde el continente y estos inmigrantes ilegales se fueron estableciendo en la isla. Durante esta época, Tamsui era el único puerto de acceso al Norte de Taiwán. En 1885, la dinastía Qing incorporó formalmente la isla de Taiwán al mapa oficial y a partir de ese momento se dio carácter de capital de provincia a la isla de Taiwán.

Q ¿Es cierto fue en este lugar donde se filmó una famosa película de Hollywood llamada "The Sand Pebbles" (Granitos de Arena), la cual estuvo protagonizada por el actor Steve McQueen?

A Así es, la película fue rodada en Tamsui allá por el año 1956. En el lugar se recrearon los escenarios del río Yangtsé, en la China continental de 1926 y la historia de cómo este navío estadounidense se vio involucrado en la Guerra Civil China.

Q Entonces, podemos decir que Tamsui es un lugar con bastantes reliquias históricas, ¿cierto?

A Definitivamente, aquí existe una mayor cantidad de sitios históricos que en cualquier otro lugar de Taiwán, y como consecuencia de esto, la actividad artístico-cultural es bastante dinámica y variada, siendo reconocida actualmente como uno de los lugares más importantes en materia de turismo y recreación de todo el norte de Taiwán.

Palabras claves

1. 南海   Mar de China Meridional
2. 中國大陸   China continental
3. 移民   inmigrar, emigrar
4. 觀音山   Monte Guanyin
5. 滬尾   Huwei / Hobe
6. 原住民   aborigen, indígena
7. 清廷   dinastía Qing
8. 割地賠償   cesión (de territorio) e indemnización
9. 佔領   ocupación / ocupar por la fuerza
10. 非法   ilegal, ilícito, ilegítimo
11. 省會   capital de provincia
12. 船艦   navío, barco / flota naval
13. 內戰   guerra civil
14. 古蹟   monumento histórico, reliquia arquitectónica

15.	盆地	cuenca (hidrográfica)
16.	台灣海峽	Estrecho de Taiwán
17.	出海口	desembocadura
18.	火山	volcán
19.	平原	llanura, llano, planicie, explanada
20.	航行	navegación / navegar
21.	東亞	Asia Oriental / Asia del Este
22.	貿易轉運站	punto de intercambio comercial
23.	轉音（羅馬拼音）	romanización / transcripción fonética / transferencia fonética / transliteración

Tamsui 02

渡船頭

ESTACIÓN DEL FERRY O TRANSBORDADOR

La Estación de Ferry o Transbordador de Tamsui fue el mayor puerto del Norte de Taiwán y a través del cual hacía su entrada en la isla la mayoría de los inmigrantes chinos durante la época antigua. El puerto también funcionaba como estación de transbordo de los navíos interiores del río Tamsui. Las incontables embarcaciones de vela que atracaban una tras otra en este puerto, y el dinamismo y conglomeración creados por las grandes multitudes de personas que se daban cita en este lugar hace doscientos o trescientos años, ya sólo existen en los libros y en los relatos que han sobrevivido a la época. Esto se debe a que durante el período de la Ocupación Japonesa, el Puerto de Keelung vino a sustituir el Puerto de Tamsui, como el más importante puerto comercial del Norte de Taiwán. En 1982, con la puesta en operación del Puente Guandu, los recorridos del Ferry por el río Tamsui fueron reduciéndose poco a poco, y finalmente sólo quedó en servicio la ruta Tamsui-Bali. La flotilla de transbordadores de casco azul realiza constantemente el recorrido de extremo a extremo, ofreciendo una vista y una experiencia espectacular. En 2004 se concluyeron los trabajos del dique flotante denominado "Hidrovía Azul" (*Blue Highway*), una obra que permite la llegada de cruceros turísticos de pequeña envergadura, al tiempo que sirve de punto de conexión entre el Muelle de los Pescadores (*Fisherman's Wharf*), la estación de Ferry de Bali, el Estuario de Bali y el Muelle Guandu (*Guandu Wharf*), con lo cual se ha revitalizado y modernizado la oferta turística de toda esta zona.

FERRY DE TAMSUI

La estación y muelle de ferry de Tamsui fue en la época antigua uno de los más importantes muelles del Norte de Taiwán, donde desde tiempos remotos atracaba la mayoría de los barcos que hacían estas rutas. El nuevo muelle de transbordadores y otras embarcaciones turísticas se terminaron de construir en julio de 2004. Este muelle flotante ha sido diseñado especialmente para facilitar el estacionamiento de embarcaciones turísticas de pequeña envergadura, lo cual ha beneficiado directamente el transporte turístico-acuático y el turismo de Tamsui en general. Con la construcción de este nuevo muelle, los transbordadores turísticos que comprenden las rutas entre el Muelle de los Pescadores *(Fishermen's Warf)* y el Muelle de Bali, no sólo han podido ampliar el área de sus recorridos, sino que dicho recorrido ofrece una vista panorámica del paisaje a lo largo del río. Cuando llega la tarde, la puesta de sol sobre el río Tamsui crea un impresionante espectáculo de luces y sombras, mientras que el Monte Guanyin, a lo lejos, se muestra sobre la superficie del agua como una inmensa obra pictórica. En este muelle también se puede abordar otro transbordador, desde el cual se puede observar la ribera del río Tamsui y el Puente Guandu que se divisa a lo lejos, todo esto en un recorrido con vistas e impresiones totalmente diferentes. Además de los diversos panoramas de montaña, mar, río y ciudad; con la llegada de cada atardecer, el río Tamsui se viste de un color dorado y amarillento. Durante las horas nocturnas, el brillo de la luna reflejado sobre el ancho río, también ofrece un aspecto que hace vibrar de emoción al espectador.

HIDROVÍA AZUL

La Hidrovía Azul surgió como parte de la iniciativa orientada a desarrollar el transporte turístico en los ríos Tamsui y Keelung. Después de iniciar las operaciones en febrero de 2004, actualmente

hay ocho rutas de transbordadores en operación, con un número de pasajeros servidos que alcanza el millón. Los transbordadores que cubren estas rutas incluyen guías profesionales que van explicando las informaciones importantes del trayecto, durante el cual los pasajeros tienen también la oportunidad de observar de cerca los ecosistemas de vida en este río, algo que añade un toque de conocimiento a esta placentera travesía. En adición, se encuentra bajo planificación la creación de otras dos rutas de esta Hidrovía Azul partiendo desde Tamsui: una nueva ruta recorrerá el litoral norte de Taiwán, mientras que una segunda ruta recorrerá la costa norte. La idea es expandir la cobertura del turismo de Tamsui, ofreciendo al turista un plan de viaje y esparcimiento mucho más variado. Para atraer un mayor número de turistas japoneses, estas rutas ofrecerán el tour completo en idioma japonés. El Puerto Taipéi, está planificando una ruta directa desde dicho puerto hasta Fuzhou, en China continental, con lo cual se busca atraer también a un mayor número de turistas de China continental.

LA PUESTA DE SOL EN TAMSUI

En Tamsui el río y la montaña se acercan e interactúan. El río avanzando hacia el oeste y la montaña que se extiende hacia el este convergen creando en cada puesta de sol, un espectacular resplandor que es reflejado en el amplio estuario de la desembocadura del río Tamsui. Desde la antigüedad, incontables escritores y poetas se han inspirado en estas magnificas imágenes, las cuales han dejado plasmadas en sus escritos y en sus cantos. Del mismo modo, estas impresionantes imágenes siguen atrayendo diariamente a grandes fotógrafos y pintores. En particular, durante la temporada de otoño, los penetrantes rayos de sol que se filtran a través de la bruma atrapada entre el río y la montaña descienden lentamente sobre los espectadores que observan maravillados y felices.

DEAMBULANDO HACIA TAMSUI

Letrista y compositor: Chen Ming-chang   Arreglista: China Blue

Síntesis:

La canción relata la historia de un músico quien después de haber perdido en su pueblo natal a la mujer amada, se dirige a Tamsui para rehacer allí su vida y sacar de su corazón la memoria de este amor perdido. Cada vez que alguien se lo pide, el músico toma su guitarra y canta para ayudar a los demás a disipar las penas, liberar el alma de los agobios y olvidar las angustias, tal y como él mismo también necesita.

Traducción literal:
Sea que estemos o no estemos unidos por la afinidad,
hagámonos compañía los unos a los otros.
Alcemos nuestras copas,
Ho Da La, Ho Da La.*
Cargando acordeón y guitarra;
mano a mano, nos hacemos mutuamente compañía
y en busca del sustento de cada día deambulamos por Tamsui.
Extrañando a la mujer amada que he dejado en el pueblo natal,
Sólo cuando se está profundamente enamorado,
se da uno cuenta que la ciega pasión es el mayor y más tonto vicio del hombre.
El licor atraviesa la garganta,
relaja mi espíritu,
y me hace pensar que todo ha quedado atrás;
hace que el pasado se escape como un sueño
y hace que la mujer amada se esfume de la memoria.
Cuando te asaltan las memorias de la tierra natal
y te invaden los recuerdos de la mujer amada,
la mejor forma de olvidar es deambulando por otras tierras
y rehaciendo allí una nueva vida.

No soy alguien que persigue el lujo y la riqueza,
las circunstancias que me han tocado vivir es lo que ha forjado para
mí este destino.
Si los clientes solicitan que toquemos,
lo haremos incluso bajo lluvia o tempestad.

Por ella canto esta, casi obligada, canción de amor.
Los altibajos de mi vida van y vienen,
no hay que mortificarse por eso.
La luna es a veces redonda y perfecta,
otras veces es de forma imperfecta.

Aproveche la alegría de esta noche y compartamos.
Tú bailas y yo te recito una canción poética.
Sea que estemos o no estemos unidos por la afinidad,
hagámonos compañía los unos a los otros.
*Alcemos nuestras copas Ho Da La, Ho Da La.**

* * "Ho Da La" significa "hasta el fondo", o sea, alzar la copa, brin-*
dar y vaciar la copa de un solo trago.

Preguntas y Respuestas

Q ¡El transporte para llegar a Tamsui es sumamente fácil y conveniente! Desde la estación principal de trenes de Taipéi se llega en apenas 35 minutos, además de que se disfruta de una vista interesante durante gran parte del trayecto.

A La red del Metro de Taipéi continúa expandiéndose y haciendo que el transporte en esta ciudad sea cada vez más conveniente, lo cual es un incentivo más para atraer a un mayor número de visitantes, incluso de los lugares más distantes. Se puede decir que los fines de semana y días feriados, Tamsui se convierte en un lugar repleto de turistas.

Q Además de las conexiones del Metro, parece que las demás formas de transporte también son bastante convenientes.

A En coche, partiendo desde la ciudad de Taipéi, los visitantes pueden tomar tanto la autopista como otras vías alternativas. Sin embargo, para aquellos que prefieren no tener que conducir, tomar el Metro sigue siendo la forma más conveniente. La línea del Metro hacia Tamsui fue abierta al público en 1997 y la misma fue trazada siguiendo la antigua ruta ferroviaria de los tiempos de la Ocupación Japonesa, la cual estuvo en servicio desde 1901 hasta 1988.

Q ¡En Ferry también se puede llegar a Tamsui!

A Exactamente, a partir de 2005 los visitantes pueden abordar un ferry en Dadaocheng, en la ciudad vieja de Taipéi, y desde ahí navegar hacia Tamsui, llegando incluso al Muelle de los Pescadores, en la misma desembocadura del río. En 2007, también entró en operación el "El Gran Río" (Dahehao), un ferry-restaurante de estilo antiguo, a bordo del cual los pasajeros no sólo disfrutan del placentero escenario del trayecto, sino que lo pueden hacer al tiempo que saborean exquisitos platos y bebidas.

Q Parece que la población de Tamsui también es bastante numerosa, especialmente el número de jóvenes es visiblemente grande.

A Tamsui tiene una población superior a los 150 mil. Debido a que en la zona se ubican cinco centros universitarios, la población flotante es bastante considerable, a lo que también contribuye el hecho de la conveniencia del transporte y los precios relativamente más económicos de la vivienda. Por estas y otras razones, muchas parejas jóvenes deciden establecerse en Tamsui.

Q El número de turistas que visita este lugar debe ser también bastante numeroso, ¿no es así?

A La puesta de sol en Tamsui ha sido desde tiempos antiguos uno de los ocho atractivos turísticos por excelencia de Taiwán, y por tanto, desde la época antigua han sido muchos los turistas que han visitado el lugar para ver este bello espectáculo de la naturaleza. Actualmente, la mayoría de los visitantes considera que el observar el ocaso en Tamsui es uno de los diez principales atractivos del lugar. Tamsui recibe un promedio de cinco millones de turistas al año.

Palabras claves

1. 渡船頭　　　muelle, estación de ferry o transbordadores
2. 風帆　　　　velero, embarcación de vela
3. 傳說　　　　relato / leyenda
4. 日據時代　　Periodo de la Ocupación Japonesa
5. 浮動式碼頭　dique flotante, muelle flotante
6. 藍色公路　　Hidrovía Azul
7. 停靠　　　　atracar (en el muelle un barco)
8. 銜接　　　　conectar / servir de conexión entre
9. 左岸　　　　ribera izquierda (del río)
10. 路基　　　　trazo de la vía
11. 火車支線　　carril ferroviario
12. 流動人口　　población flotante, circulación poblacional

Tamsui
03

紅毛城

FUERTE DE SANTO DOMINGO

El Fuerte de Santo Domingo fue construido en 1628 por colonizadores españoles, quienes se instalaron en esta zona del Norte de Taiwán. En 1644, colonizadores holandeses, quienes habían reemplazo a los españoles, realizaron importantes remodelaciones a la edificación. Los chinos han se referían a los holandeses con el sobrenombre de "Hongmao", que significa "los pelirrojos", de este modo el Fuerte fue conocido con el nombre de "Hongmaocheng", literalmente traducido como "Ciudad de los Pelirrojos". Luego de derrotar y expulsar a los colonizadores holandeses, Koxinga también se instaló en este Fuerte durante un breve periodo de tiempo. Durante la dinastía Qing, luego de algunas ampliaciones y remodelaciones, el lugar fue utilizado como un sitio estratégico para la defensa. En 1867, el Fuerte fue arrendado al gobierno británico para la instalación de sus oficinas consulares. Después de las mayores transformaciones hechas al Fuerte y que le dieron el aspecto actual de estilo victoriano, en 1891 los británicos convirtieron la edificación en el sitio de residencia de los jefes de su cuerpo diplomático en Taiwán. En 1972, al romperse las relaciones diplomáticas entre nuestro país y el Reino Unido, el gobierno británico traspasó sus poderes de arrendamiento del Fuerte a los representantes australianos y estadounidenses en Taiwán, quienes retornaron todos los derechos sobre el Fuerte a nuestro gobierno en 1980. El Fuerte de Santo Domingo es la más antigua de las construcciones que aún se conservan en buen estado en la isla, obteniendo por tanto estatus de reliquia de primera categoría. Finalmente, luego de concluidas las obras de reacondicionamiento, en 2005, el Fuerte fue convertido en el "Museo del Área Histórica de Tamsui".

FUERTE DE SANTO DOMINGO EN
HOBE *(Huwei Hongmaocheng)*

"Las olas van y vienen, una tras otra, tan estrepitosas como trueno y tan fabulosas como alucinaciones. Como en un guiño del tiempo, destaca en el cielo la espectacular puesta de sol. El panorama que se divisa desde el balcón, se extiende hasta cubrir los estuarios del río, las nubes, árboles, navíos, aves del mar…"

Wu Ziguang, nacido en el actual condado de Miaoli, fue uno de los candidatos que se presentó y aprobó los exámenes provinciales del imperio durante el periodo Tonzhi de la dinastía Qing. Wu era un erudito de los clásicos de Confucio, experto en historia y filosofía; siendo reconocido como el más notable letrado en Taiwán hasta el año 1900. Entre sus discípulos destacó Qiu Fengjia. En 1866, caminando por las calles de Tamsui mientras esperaba la salida de la embarcación que lo transportaría a China continental para sus exámenes, Wu escribió los vesos titulados "Fuerte de Santo Domingo en Hobe" (Huwei Hongmaocheng).

FUERTE DE LOS HOLANDESES

La edificación principal, actualmente conocida como el "Fuerte de Santo Domingo", había sido erigida por los españoles y dado que se trataba de una estructura de madera, esto facilitó su incineración por parte de los chinos. Tras su destrucción, el fuerte fue erigido nuevamente en 1637, pero esta vez la construcción fue a base de piedra. Poco tiempo después de concluida esta obra, los españoles decidieron retirar sus tropas y con esto también ordenaron la destrucción de dicho fuerte. En mayo de 1644, los holandeses que entonces ocupaban estos territorios del norte de la isla, iniciaron la reconstrucción del fuerte. Para esta construcción, además de piedra, los holandeses también trajeron desde Indonesia

piedra de lima y ladrillos de buena calidad. Además de esto, cavaron profundos canales para construir una fuerte base, sobre la cual descansaría la edificación, e hicieron uso de la bóveda entre otros adelantos arquitectónicos. Todo esto demuestra que los holandeses se esforzaron bastante por erigir un fuerte estable y duradero. En 1662, Koxinga consiguió expulsar a los holandeses instalados en el sur de la isla y con esto, las tropas que protegían el Fuerte en Tamsui, también abandonaron el lugar y partieron de Taiwán. En 1863, los ingleses arrendaron el lugar, pasando éste de fuerte militar a oficinas consulares, residencia diplomática y cuatro celdas carcelarias.

RESIDENCIA CONSULAR BRITÁNICA

La Residencia Consular Británica en Tamsui consistía en una estructura de ladrillo, con balcones y de estilo colonial. Con formas arqueadas para bloquear la entrada directa del sol, típica de los países tropicales, techo en forma oblicua, entre otras características particulares; el diseño de esta obra fue realizado por un arquitecto británico contratado especialmente para estos fines por el entonces cónsul inglés en la isla. Se cree que los ladrillos y los constructores de la obra fueron traídos desde la ciudad de Xiamen, provincia de Fujian. En el lado oeste de la residencia diplomática se ubicaban las salas y despachos, en el lado este se ubicaban los comedores y la cocina, en la parte posterior se ubicaban el área de lavado y las habitaciones de los sirvientes. En el segundo piso había tres habitaciones principales y almacenes de provisiones. En cuanto a los patios alrededor de la edificación, en estos había grandes jardines de rosales, mientras que los amplios pasillos contiguos eran el lugar predilecto para la hora de té. La Residencia Consular Británica en Tamsui fue construida con los mejores materiales disponibles para lograr una obra de elegante diseño arquitectónico, siendo una de las pocas edificaciones de estilo occidental en la región del Sudeste Asiático construidas durante la época del Imperio Británico.

Preguntas y Respuestas

Q Los británicos debieron ser a quienes los chinos llamaban "Pelirrojos", ¿cierto?

A Así es, en el pasado, nosotros los chinos nos referíamos a los extranjeros como "pelirrojos", lo cual se debe a que la mayoría de los caucásicos eran pelirrojos. Durante sus cerca de 400 años de historia, el Fuerte de Santo Domingo fue utilizado primero por los españoles, luego por los holandeses, el general Zheng Chenggong (Koxinga) de la dinastía Ming, el Reino Unido, Japón, Estados Unidos y Australia; por lo que conocer la historia del Fuerte de Santo Domingo, es también conocer la historia moderna de Taiwán.

Q ¿Cuántos centros consulares establecieron los británicos en Taiwán?

A En total fueron tres: el primero de estos fue establecido en Kaohsiung, el segundo en Anping, mientras que el de Tamsui fue el último en ser establecido, pero fue también el mayor de todos, el mejor protegido y el de mejor vista panorámica. El estilo de estos tres centros consulares es similar, siendo todos de estilo victoriano, ampliamente conocido como "construcciones de estilo colonial".

Q Durante esa época, las labores de los centros consulares debieron ser bastante amplias. ¿No es así?

A A partir de 1860, cuando Tamsui fue convertido en puerto y muelle internacional, el comercio exterior de la isla se multiplicó rápidamente, especialmente las exportaciones de la industria del té y la industria del alcanfor. El principal destino de estas exportaciones era China continental.

Q En 1895 Japón colonizó Taiwán. ¿Se quedaron los ingleses en el Fuerte de Santo Domingo en ese momento?

A Afirmativamente, según las leyes internacionales, este trozo de tierra le pertenecía al gobierno británico y por lo tanto, los británicos continuaron en ocupación del mismo hasta el inicio de la Segunda Guerra Mundial. Concluida la Guerra, estos regresaron para reclamar nuevamente sus derechos ante el gobierno de la República de China.

Q ¿Cómo es que los británicos se mantuvieron en ocupación de este Fuerte y no lo entregaron sino hasta 1980?

A Es probable que los británicos apreciaran demasiado este Fuerte y no encontraban manera de abandonar este trozo de tierra. Incluso con la ruptura de las relaciones diplomáticas con nuestro país, los británicos todavía mantuvieron sus derechos sobre el Fuerte y fue a costa de mucho esfuerzo que conseguimos que el gobierno británico nos retornara dichos derechos. De lo contrario, aún el día de hoy sería imposible para nosotros poder llegar hasta aquí.

Palabras claves

1. 重建　　　　　　reconstrucción, restauración
2. 整修　　　　　　reparar, remodelar
3. 防禦要塞　　　　sitio estratégico para la defensa
4. 領事館　　　　　consulado, oficinas consulares
5. 斷交　　　　　　romper las relaciones diplomáticas
6. 托管　　　　　　traspaso de derechos, traspaso de poderes (de propiedad)
7. 產權　　　　　　derechos de propiedad
8. 一級古蹟　　　　reliquia arquitectónica de primera categoría (según el

sistema de clasificación vigente en Taiwán)
9. 淡水古蹟博物　　Museo del Área Histórica de Tamsui
10. 殖民地式建築　　construcción de estilo colonial (estilo que usaron los

colonizadores europeos en la construcción de las edificaciones en sus nuevas colonias)

11.	樟腦	alcanfor
12.	索回	reclamar el reintegro de derechos
13.	舉人	candidato a los exámenes provinciales del imperio
14.	經史子集	recopilación de las obras clásicas de China
15.	撤軍	retirada, repliegue (de tropas militares)
16.	駐軍	guarnición militar, puesto militar
17.	石灰	piedra de lima
18.	磚頭	ladrillo, adobe
19.	地基	fundación, base (de una construcción)
20.	驅逐	expulsar, desalojar
		habitación de los servidores
21.	迴廊	pasillo, corredor

Tamsui
04

馬偕、教會、學校

REVERENDO MACKAY, IGLESIAS Y ESCUELAS

El misionero canadiense George Leslie Mackay es el extranjero más famoso en toda la historia de Tamsui. De hecho, una de las calles de este lugar ha sido bautizada con su nombre. El hospital que una vez fundara este médico, continúa hoy día sirviendo a cientos de miles de taiwaneses. Mackay dedicó toda su vida a la medicina, la propagación religiosa y la enseñanza, haciendo de Tamsui prácticamente su casa durante los últimos 30 años de su vida, lugar donde también fue sepultado luego de su fallecimiento. Mackay partió de su hogar en Canadá a los 27 años de edad, llegando a Tamsui en marzo de 1872, donde decidió establecerse como misionero y propagador evangélico. Con fondos económicos provenientes de Estados Unidos y Canadá, Mackay fundó un centro hospitalario, en el cual, durante la Guerra Sino-francesa ayudaba con el cuidado de los militares que sufrían heridas. Sin contar con ningún entrenamiento médico, Mackay realizó más de 20 mil prótesis dentales. Además de esto, Mackay trajo a la isla semillas para el cultivo de vegetales, incluyendo rábano, col, tomate, brócoli, zanahoria, etc.

IGLESIA PRESBITERIANA DE TAMSUI

La Iglesia de Tamsui está ubicada en la Calle Mackay, siendo la edificación actual una reconstrucción de las antiguas instalaciones realizada en 1932 y llevada a cabo por George W. Mackay, hijo del Dr. Mackay. Se trata de una edificación en ladrillo rojo, de estilo gótico, con un campanario de una sola torre cuadrada y techo interior en madera. En esta iglesia aún se conserva y se mantiene en uso un órgano que data de 1909. Con capacidad para unas 300 personas, la Iglesia de Tamsui, en el distrito de Tamsui, es el mayor templo cristiano de todo Taiwán. En 1986 se llevaron a cabo labores de reparación del techo de esta iglesia. El exterior de esta iglesia fue construido con ladrillos rojos de óptima calidad, instalados en orden específico para lograr los cambios deseados en las paredes. Se dice que las labores de diseño estuvieron a cargo de los afamados carpinteros Hongquan y Huang Ashu. Esta iglesia ha sido desde hace mucho tiempo uno de los íconos de Tamsui, siendo también una de las imágenes preferidas por muchos pintores.

REVERENDO PRESBITERIANO GEORGE LESLIE MACKAY

Mackay (George Leslie Mackay, 1844-1901) nació en la provincia canadiense de Ontario y dedicó su vida a la Iglesia Presbiteriana y a la medicina humanitaria. Los taiwaneses lo llaman "Doctor Mackay" o "Reverendo Mackay". Un historiador occidental ha descrito la vida Mackay con la frase "Mejor quemado que desgastado". En 1871, Mackay llegó a la ciudad de Kaohsiung, en el sur de Taiwán, trasladándose a Tamsui el año siguiente, donde inició sus labores como evangelizador al tiempo que aprendía el dialecto Hoklo (minnan). Algún tiempo después, Mackay contrajo matrimonio con una taiwanesa de apellido Qin. Donde quiera que iba, Mackay proclamaba a los cuatro vientos el evangelio presbiteriano, logrando establecer más de 20 congregaciones entre el Norte y Este de Taiwán. En 1882, fundó el centro de enseñanza Oxford (actual Universidad Aletheia, *Aletheia University*). Dos años más tarde también fundó la primera escuela pública para señoritas. Tras su muerte, su hijo, George W. Mackay continuó las labores de su padre y fundó la Escuela Secundaria Tamsui, además de publicar el "Diario de Mackay", una publicación en tres volúmenes, con más de 700 mil caracteres.

ESCUELA SECUNDARIA TAMKANG

La Escuela Secundaria Tamkang, oficialmente establecida en 1914, también conocida como "Escuela Secundaria Tamsui" o "Escuela Secundaria Superior para Señoritas", fue establecida por el evangelista canadiense George Leslie Mackay y es actualmente una de las pocas escuelas centenarias de Taiwán. Además de ser un testimonio de la evolución histórica de Taiwán, esta escuela también muestra las transformaciones de la cultura educativa de Taiwán. El recinto educativo se ubica a la falda de la montaña y de frente al mar ofreciendo una vista panorámica de exuberante verdor. La edificación de esta escuela fue diseñada como el prototipo en Taiwán de las prestigiosas instituciones educativas en los países occidentales, pero a la misma también se incorporaron elementos tradicionales de la arquitectura china, convirtiéndose en el ambiente ideal para promover el pensamiento humanista. La Capilla Octagonal de la escuela es una obra en la que se combina el estilo arquitectónico de las pagodas chinas con el estilo bizantino de la arquitectura occidental, dando a la Escuela un aire de ciudadela. El diseño de esta edificación estuvo a cargo del profesor de geometría y también misionero presbiteriano canadiense K. W. Dowie. La obra fue concluida en junio de 1925.

Preguntas y Respuestas

Q He observado que en la ciudad vieja de Tamsui hay una calle "Mackay", e incluso en una de las rotondas de esta calle se yergue una estatua de medio cuerpo del Dr. Mackay. ¡Este canadiense, de seguro fue un ciudadano honorario de esta ciudad de Tamsui!

A Así es, el Dr. Mackay vivió en Taiwán 30 años de su vida, escogiendo Tamsui como su base de operaciones, desde donde dedicó su vida al manejo del hospital y a la propagación de su religión; obras que han traído gran felicidad a muchos taiwaneses.

Q Comparado con las acciones codiciosas de todos los que ocuparon o colonizaron este lugar, incluyendo los españoles, holandeses, franceses, japoneses e ingleses; las acciones humanitarias de este canadiense fueron verdaderamente admirables.

A Mackay fue quien trajo a Taiwán la medicina moderna, ayudando de este modo a curar a los enfermos y heridos y contribuyendo a la formación de los médicos taiwaneses. Lo que Mackay inició como un pequeño hospital, es hoy día una de las grandes y modernas instalaciones hospitalarias de Taiwán "Hospital Conmemorativo a Mackay" *(Mackay Memorial Hospital)*, con 4 sucursales distribuidas por toda la isla, más de 3.000 camas y cerca de 7.000 empleados. Además del hospital, Mackay fundó en Taiwán una escuela de enfermería y otra de medicina.

Q He escuchado que la Escuela Secundaria Tamsui es una escuela muy bonita, además de ser el sitio donde realizó sus estudios el popular cantante y compositor taiwanés, Jay Chou.

A Así es, se puede decir que la Escuela Secundaria Tamsui es uno de los primeros centros educativos con un currículo de enseñanza occidental en Taiwán. O sea, que además de la belleza arquitectónica de sus edificaciones, el espacio exterior de esta escuela es también de gran atracción, contrastando con el estilo imperante en la comunidad china de Tamsui. Esta escuela también fue fundada por el Dr. Mackay y concluida por sus descendientes. Se trata de una escuela bastante abierta y liberal, de la cual ha egresado un gran número de artistas, literatos, comerciantes y administradores, incluyendo el ex-presidente Lee Deng-hui, quien también realizó sus estudios de bachillerato en este centro educativo.

Q He escuchado que la fundación de la Universidad Tamkang también está relacionada con esta Escuela Secundaria Tamsui, ¿Cómo es eso?

A Así es, el fundador de la Universidad Tamkang, Zhang Jing-sheng, después de concluir sus estudios universitarios en Japón y tras su regreso desde China continental, pensaba continuamente en establecer en su pueblo natal un centro universitario. Al principio, Zhang se desempeñó como director de la Escuela Secundaria Tamsui, tras lo cual logró reunir los fondos necesarios para la adquisición de los terrenos, donde en 1950 fundaría formalmente la Universidad Tamkang. De hecho, las primeras edificaciones de la universidad fueron construidas en el área de la Escuela Secundaria Tamsui.

Q Aquí tuvo lugar la filmación de una película de Jay Chou, ¿no es así?

A Esa película del año 2007 se llama "Secret" (Secreto). La verdad es que Tamsui ha sido desde siempre un lugar ideal para el rodaje de películas, así lo demuestran viejos largometrajes como "The Sand Pebbles" (Granitos de Arena), de 1966; u otros más recientes como "Last Train to Tanshui" (El Último Tren a Tamsui), de 1986; "Orz Boyz!", de 2008; e incluso la serie de televisión "Happy Together / 4 Friends" (Felices para Siempre / 4 Amigos), de 2009; entre otras.

Palabras claves

1. 馬偕紀念醫院　　Hospital Conmemorativo a Mackay
2. 傳教　　predicar la religión, predicar el evangelio, evangelizar
3. 基督長老教會　　Iglesia Presbiteriana
4. 募款　　recaudar fondos
5. 中法滬尾之役　　Batalla de Hobe (durante la Guerra Sino-Francesa)
6. 拔牙　　extracción dental
7. 蛀牙　　caries dental
8. 種子　　semilla
9. 蘿蔔　　nabo (un tipo de rábano)
10. 甘藍菜　　col
11. 花椰菜　　brócoli
12. 圓環　　rotonda (retorno circular de una calle)
13. 半身雕像　　busto, estatua de medio cuerpo
14. 榮譽市民　　ciudadano ilustre, hijo adoptivo, ciudadano honorario (de una ciudad o país)
15. 欽佩　　admirable, loable, encomiable

16. 籌資／集資　　　recaudación de fondos
17. 分院　　　　　　sucursal hospitalaria

filial hospitalaria

dependencia hospitalaria

18. 馬偕護校　　　　Escuela de Enfermería Mackay
19. 馬偕醫學院　　　Escuela de Medicina Mackay
20. 作曲家　　　　　compositor, arreglista musical
21. 購地　　　　　　adquisición de terrenos, compra de tierra
22. 場景　　　　　　escenario
23. 仿哥德式　　　　imitación del estilo gótico
24. 鐘塔　　　　　　campanario, torrecilla
25. 天花板　　　　　techo
26. 古風琴　　　　　órgano antiguo (instrumento musical)
27. 屋頂　　　　　　tejado, techado
28. 寫生　　　　　　bosquejar, plasmar sobre el lienzo
29. 牧師　　　　　　pastor, misionero, predicador, evangelista

30. 傳播基督教福音　　propagar el evangelio de Jesús, difundir el evangelio

31. 牛津學堂　　Centro de Enseñanza Oxford (actual Universidad Aletheia, *Aletheia University*).

32. 真理大學　　Universidad Aletheia (*Aletheia University*)

33. 婦學堂　　Escuela para Señoritas

34. 拜占庭式建築　　arquitectura de estilo bizantino, construcción de estilo bizantino

35. 幾何學　　geometría

Tamsui
05

觀音山

MONTE GUANYIN (Guanyinshan)

El Monte Guanyin se localiza a la ribera izquierda de la desembocadura del Río Tamsui y su cúspide, el Pico Yinghanling (Pico Hombre Fuerte) tiene una altura de 616 metros con relación al nivel del mar. Dentro de éste se ubica una gran cantidad de templos budistas antiguos, lo que contribuye a aumentar el carácter espiritual de este monte. Entre estos templos se incluyen varios dedicados específicamente a la adoración del Boddhisattva Guanyin. Ubicada entre la ribera oeste del Estrecho de Taiwán y la ribera más lejana del río Tamsui hacia el noreste, el monte era conocido antiguamente como "El pico que escupe niebla", convirtiéndose desde épocas pasadas en uno de los ocho grandes atractivos turísticos de Tamsui, y uno de los lugares más recomendados para el senderismo y el montañismo. Durante la Ocupación Holandesa, el monte era conocido como "Tamswijse berch", mientras que los chinos han lo llamaban "Monte Parigon" debido a que la tribu aborigen que poblaba los alrededores de dicho monte era conocida como el barrio "Parigon de Bali". Existen dos teorías sobre el cambio de nombre al de "Monte Guanyin": la primera dice que Hu Zhuoyou, uno de los candidatos a los exámenes para entrar en la corte imperial construyó en este monte un templo al que nombró "Templo Guanyin". La segunda teoría dice que las caídas del monte se asemejan a la imagen de Guanyin con el rostro erguido, especialmente si el monte es observado desde Guandu.

LEYENDA DE GUANYIN

Boddhisattva Guanshiyin (sánscrito: अवलोकतिश्वर, Avalokiteśvara, "Señor que observa el mundo"), traducido también como "El que percibe las lamentaciones del mundo" y abreviado generalmente como Guanyin; es una de las deidades del budismo aclamada y adorada en los países del Asia del Este. Es también la más respetada de las "Cinco deidades del altar familiar" en las creencias populares chinas. En Taiwán, en los altares familiares también se suele colgar el cuadro con su imagen para adorarla junto con otras deidades familiares. Las enseñanzas clásicas del budismo dicen que la compasión de Guanshiyin es infinita y que sin importar el tipo de dificultad que encuentre la persona, sólo hasta con que ésta tenga la sincera intención de invocar la señal del Boddhisattva Guanshiyin, éste percibirá el llamado, se compadecerá de la persona y hará desaparecer el dolor para traer la felicidad. Las personas en la antigüedad le llamaban "Guanshiyin, el boddhisattva de gran sabiduría y gran misericordia", siendo desde la antigüedad el más popular entre los grandes boddhisattvas del budismo. Así lo demuestra la popular alabanza budista que dice: "En cada casa Amitabha y en cada hogar Guanshiyin".

TEMPLO FUYOU

Construido alrededor de 1732, incluso, quizás mucho antes, el Templo Fuyou es el más antiguo de todos los templos en Tamsui. Tras su reconstrucción en 1796, el Templo aún se conserva. Dedicado a Matsu, el Templo Fuyou fue establecido por los navegantes y comerciantes de aquella época para procurarse la protección de esta deidad, pero el mismo terminó convirtiéndose en el centro de la creencia religiosa en todo Tamsui durante aquel tiempo. Las dos calles que dan a este templo son hoy día las más antiguas del sector. Siguiendo por la ruta de este templo se llega hasta el antiguo muelle y faro. La zona donde se ubica este templo es también el lugar donde se inició el desarrollo de Tamsui. Durante la Guerra Sino-francesa (1884-1885), este templo sirvió de refugio y protección a los chinos han, evitando que los mismos fueran hallados por la armada francesa, razón por la cual el emperador chino Guangxu le concedió el título de "Una bendición para el día siguiente", en una placa de madera que aún cuelga sobre el altar. El Templo Fuyou ha sido calificado como reliquia de tercera categoría, en el cual se conservan en buen estado, grabados antiguos, pilares o columnas de piedra, placas en piedra, entre otros artefactos histórico-culturales. Entre estos artefactos, cabe destacar una placa de piedra grabada de 1796 con la inscripción: "Torre de la Alta Visión (Wang Gao Lou)" un registro de las obras de construcción del faro de Tamsui por parte de los comerciantes de la zona.

MUSEO DE ARQUEOLOGÍA SHIHSANHANG (Shihsanhang Museum of Archaeology)

El Museo de Arqueología Shihsanhang está ubicado en la ribera izquierda de la desembocadura del hoy río Tamsui, se trata de un museo arqueológico, cuyas edificaciones están reconocidas como reliquias históricas de tercera categoría (según el sistema de clasificación en Taiwán). En 1957, el geólogo taiwanés Lin Chao-chi realizó excavaciones de exploración geológica en la zona más tarde conocida como "Sitio arqueológico Shihsanhang" y donde tras estas exploraciones, los arqueólogos descubrieron tumbas, artefactos, etc. que son pertenecientes a culturas prehistóricas. Los restos y artefactos arqueológicos desenterrados en este lugar cubren entre 500 y 1800 años del periodo de la edad del hierro en la cultura prehistórica de Taiwán. Se cree que los vestigios encontrados en este sitio podrían estar relacionados con los grupos Ketagalan, uno de los grupos de aborígenes de las planicies de Taiwán (pingpuzu). Entre los artefactos encontrados en este sitio arqueológico, los más importantes incluyen instrumentos de barro, instrumentos de hierro, instrumentos de hierro fundido, artículos fúnebres, así como artículos de intercambio con otras tribus. El Museo de Arqueología Shihsanhang se empezó a construir en 1989, siendo concluido en abril de 2004 cuando abrió sus puertas al público. En el área alrededor del Museo se localizan numerosas y variadas reliquias arquitectónicas, una reserva natural y área protegida, un impresionante paisaje formado por las amplias riberas del río, manifestaciones de folclore histórico, cultura industrial y varias obras de infraestructura pública, entre otros recursos que se combinan y complementan para formar "El Parque Ecológico y Cultural Bali, en la ribera izquierda del río Tamsui".

Preguntas y Respuestas

Q ¿Por qué se llama Shihsanhang (Las Trece Sucursales) a este lugar?

A Debido a que a finales de la dinastía Qing, trece compañías extranjeras abrieron sucursales en este lugar, la gente empezó a referirse al sitio como "Las Trece Sucursales" (Shihsanhang).

Q Durante las etapas primitivas, los residentes de esta zona debieron ser grandes navegantes de mar abierto, ¿no es así?

A ¡En efecto, todos los grupos aborígenes de Taiwán eran grandes navegantes de mar abierto! Los dieciséis grupos aborígenes que existen en Taiwán actualmente, se fueron estableciendo en la isla durante diferentes periodos. Estos se trasladaron a esta isla por la vía marítima desde China continental y desde otras islas cercanas. A bordo de pequeñas embarcaciones de madera denominadas "Banka", estos aborígenes arriesgaban su vida y se hacían a la mar para llegar hasta esta isla de Taiwán. Los pobladores aborígenes han poblado el lugar desde hace unos 1500 o 2000 años, los cuales son el grupo ancestral de los Ketagalan, uno de los grupos de aborígenes de tierra plana del Norte de Taiwán.

Q ¿Se puede actualmente tomar un ferry directo hasta China continental partiendo de este lugar?

A Sí, a partir de octubre de 2013, desde el Puerto Taipéi (Bali) se puede abordar un ferry o transbordador en viaje directo hasta Pingtan, distrito administrativo de la ciudad de Fuzhou; en un viaje de alrededor de tres horas de duración. En el pasado, los chinos han tardaban varios días de navegación para realizar esta travesía.

Q ¿Boddhisattva Guanyin es hombre o mujer?

A Según las enseñanzas del budismo, los budas son de género neutral y los grandes boddhisattvas también lo son. De hecho, durante la dinastía Tang, las representaciones e imágenes de Guanyin eran de género masculino. Quizás se debe a historias de que éste se disfrazaba o vestía de mujer para guiar a los seres humanos; o quizás hayan sido las historias de los grandes sacrificios que hacía este boddhisattva para salvar a los seres humanos lo que le ha atribuido la imagen de amor maternal con que se le conoce actualmente.

Q ¿Quién es Matsu?

A Según las leyendas, se trata de Lin Moniang, la hija de una familia de pescadores que vivió durante la dinastía Song, en la provincia Fujian, China. Lin se convirtió en la imagen protectora de los pescadores y navegantes luego de inmolarse para salvar a su padre y sus hermanos de un horrible naufragio. La adoración a Matsu es común a casi todos los pueblos costeros del Sudeste Asiático, con un número de creyentes que alcanza los 200 millones. Solo en Taiwán hay más de 900 templos a Matsu.

Palabras claves

1. 海拔標高   altura sobre el nivel del mar, altura con relación al nivel del mar
2. 供奉   consagrado a, dedicado a (la alabanza de) una determinada deidad
3. 登山   montañismo
4. 健行   senderismo
5. 後裔   descendiente, sucesor
6. 洋流   corrientes marinas
7. 獨木船   pequeña embarcación de madera (de construcción aborigen)
8. 祖先   ancestros, antepasados
9. 佛教   budismo
10. 佛   buda (deidad del budismo)
11. 媽祖   Matsu (deidad popular entre los pueblos de la etnia china)
12. 信仰   creencia religiosa, fe
13. 東南亞   Sudeste Asiático, Asia del Este
14. 觀世音菩薩   Boddhisattva Guanyin, Boddhisattva Avalokiteśvara (deidad del budismo)
15. 災難   calamidad, catástrofe, desastre

16. 大慈大悲　　　　gran sabiduría y gran misericordia
　　　　　　　　　　(carácter que se le atribuye
　　　　　　　　　　a Boddhisattva Guanyin)

17. 考古博物館　　　museo arqueológico, museo de
　　　　　　　　　　arqueología

18. 地質學家　　　　geólogo

19. 勘查　　　　　　exploración

20. 文物　　　　　　artefactos históricos, reliquias,
　　　　　　　　　　artefactos artísticos o culturales de valor
　　　　　　　　　　histórico

21. 史前時代　　　　prehistoria, periodo prehistórico

22. 鐵器時代　　　　Edad del Hierro, Edad de los Metales

23. 陶器　　　　　　artefactos de barro, instrumentos de
　　　　　　　　　　barro (también podría referirse a
　　　　　　　　　　artefactos de cerámica)

24. 煉鐵爐　　　　　fundición de hierro, hierro fundido

25. 墓葬品　　　　　artículos fúnebres, artículos de uso
　　　　　　　　　　funerario

26. 遺址　　　　　　ruinas (arqueológicas)

27. 自然保留區　　　reserva natural y área protegida

28. 公共設施　　　　infraestructuras públicas

29. 守護神　　　　　deidad protectora, santo patrón
　　　　　　　　　　(de un lugar determinado)

30. 侵略　　　　　　incursión, ataque, agresión (militar)

31. 匾額　　　　　　placa, grabado

32. 石柱　　　　　　pilar de piedra, columna de piedra

33. 石碑　　　　　　placa de piedra (grabado sobre una
　　　　　　　　　　placa de piedra)

34. 燈塔　　　　　　faro, torre de vigía de un faro

淡水河岸

Tamsui
06

RIBERAS DEL RIO TAMSUI

El área de litoral del río Tamsui que se extiende por 1,5 kilómetros y que va desde la Calle Vieja de Tamsui, hasta el pequeño muelle de los pescadores, en su conjunto es conocida como "El Litoral Dorado". Este nombre se debe a que cuando cae el atardecer, el sol brilla de una manera espectacular sobre esta área. A todo lo largo de este espacio hay senderos poblados de árboles y arbustos, pasajes junto al agua, escenarios flotantes, áreas de cafés, pequeñas bahías para observar el oleaje del río, y plazoletas para la presentación de muestras de arte, entre otras instalaciones e infraestructuras. Los ocho árboles de higuera de Bengala (*Ficus microcarpa*) centenarios en el pequeño muelle de los pescadores es uno de los puntos preferidos por las personas, para tomar allí el fresco, pescar a la sombra o simplemente para contemplar la puesta de sol. Los comerciantes donaron unas esculturas, incluyendo la de Yu Lianchun (Jugar con el Pez), la de Uehara Kazuaki (Barco y Luna) y la de Lai Tse-hsiang (Recibir la Puesta de Sol), con lo cual se ha acentuado aún más la atmósfera artística de la ribera del río. A lo largo del río también se ubican varios negocios como cafés, restaurantes gourmet y tiendas creativas que hacen de éste un lugar especial para el esparcimiento.

IMÁGENES DE LA RIBERA

En el pueblo de Tamsui confluyen la montaña, el río y la mar; creando un paisaje de asombrosa belleza. Habiendo sido uno de los puertos más importantes del norte de Taiwán, el lugar posee un profundo aire histórico-cultural. Debido a su temprano establecimiento como medio para el intercambio cultural entre oriente y occidente, y por su amplia diversidad; el lugar atrae con facilidad a poetas, escritores, compositores, pintores,  fotógrafos y cineastas. Desde la época de la Ocupación Japonesa, especialmente en la pintura, el lugar ha atraído a importantes profesionales. Incontables y reconocidos pintores taiwaneses han plasmado el lugar en sus obras, razón por la cual Tamsui ha sido designado con el bello nombre de "Lugar de Peregrinación" para los pintores. El pueblo de Tamsui es como la imagen recortada de una pequeña ciudad europea, su iglesia de estilo gótico y con aire americano, un montón de embarcaciones atracadas a la orilla del río, transbordadores que navegan por el río hacia sus diversas rutas, las ondulantes colinas del Monte Guanyin, o los vastos paisajes de niebla que se forman sobre la desembocadura del río; todos y cada uno puede ser plasmado sobre el lienzo del pintor. De las primeras generaciones de pintores taiwaneses que pintaron al estilo occidental, no hubo uno sólo que no pasara por aquí, dejando de este modo en Tamsui rastros de un nuevo aire.

CUNA DE LA CANCIÓN POPULAR

Los "cantos populares" tienen su origen en la gente común. Surgen cuando los ciudadanos componen la melodía, escriben la letra y vocalizan las canciones populares. En sus épocas más tempranas, los estudiantes cantaban en el campus universitario, lo cual era conocido como "Cantos populares del campus". Los cantos populares son una forma de fuerza de reflexión de la sociedad civil, especialmente suelen venir del clamor de los jóvenes. A partir de finales de los setenta, los cantos populares se pusieron de moda en todo Taiwán, convirtiéndose en el punto de partida de la ideología local de Taiwán y la creatividad artística y cultural. Una de las almas pioneras de esto lo fue el estudiante del campus universitario de Tamkang, Lee Shuang-tze (1949-1977). En 1976, en un concierto dentro del campus universitario, Lee levantó una botella de Coca-Cola y dijo a los espectadores: "Sea en Europa, Estados Unidos o en Taiwán; en todos los lugares se toma Coca-Cola y lo que se escucha es también música occidental, ¿dónde está nuestra propia música?". En medio de la sorpresa, Lee tomó su guitarra y empezó a interpretar la canción roquera "Po Phoa Bang" del compositor Lee Lim-chhiu (Li Lin-Qiu, 1909-1979). Esta acción provocó de inmediato una gran manifestación de apoyo por parte de los espectadores.

Fuente de la inspiración de Ye Junlin

En 1957, el entonces guionista de teatro Ye Junlin llegó a Tamsui en compañía de su grupo de teatro. Al atardecer, Ye salió sólo a dar un paseo por la orilla del río. Conforme atardecía, el sol iba adentrándose poco a poco en la superficie del vasto mar y los paisanos acudían al muelle para recibir los barcos pesqueros que regresaban de sus faenas. De repente, se escuchó el sonido entrecortado de una canción. Ye trataba de rastrear el lugar de donde provenía la melodía, alzó la vista hacia un desván en las laderas y alcanzó a ver a una mujer detrás de una puerta con su mirada fija en una entretenida reunión que había cerca del muelle. La escena de esa mujer fue la motivación que le llevó a escribir esta canción inmortal.

PUESTA DE SOL EN TAMSUI:

Letrista: Ye Jun-lin
Compositor: Hong Yi-feng (1957)

El sol se va sumergiendo poco a poco hacia el oeste,

mientras el agua del río se salpica de los destellos del sol poniente,

hombre y mujeres, jóvenes y viejos;

se reúnen a la espera de los pescadores que regresan a casa.

En las casas, las puertas y ventanas entreabiertas.

La música instrumental relata el dolor y la tristeza.

¡Ah...!

Arrebatados acordes revelan un montón de sentimientos y amarguras desconocidas.

Los densos rayos de luna iluminan la niebla sobre el Monte Shamao.

Nada se compara a la fría brisa marina

mientras los rayos de luna se reflejan sobre el espejo de agua.

Un ave solitaria toma refugio sobre la proa de un navío

mientras entona su triste canto.

¡Ah...!

Es una melodía triste que rasga el corazón.

Un toque poético cubre los destellos de la puesta de sol en Tamsui

y la niebla de la noche se apresura en llegar.

Las campanadas de la iglesia resuenan perdiéndose en la mar.

Las luces de los candiles sobre Buding son débiles y vacilantes,

cual estrellas que parpadean en el firmamento.

¡Ah...!

La contemplación de esta escena produce tristeza y amargura.

Preguntas y Respuestas

Q ¡Cuántos turistas hay en este lugar! Seguro que todos han venido en el metro.

A Así es, la Línea Tamsui del metro inició sus operaciones en 1997, pero al principio, muy poca gente usaba este servicio, por lo que la empresa del metro tuvo pérdidas. Ahora, en todos los viajes el metro viene lleno de pasajeros, y los fines de semana es tan congestionado como sardinas en lata.

Q ¿Cuántos turistas puede recibir Tamsui?

A Durante las festividades del Año Nuevo Chino, el tiempo estuvo bastante soleado y con una temperatura agradable, por lo que Tamsui recibió una cantidad record de más de 100 mil personas por día. Toda el área del paseo del río y la Calle Vieja estaban tan atestados de personas que dar unos pasos se hacía una tarea difícil. Si se observaba desde un lugar alto, a la gente se le veía como sardinas en lata.

Q Si es así, ¿cómo es posible entonces relajarse y hacer turismo?

A Probablemente, lo único que se puede hacer es unirse a la diversión y la algarabía, y observar la muchedumbre. La verdad es que, durante los días de semana, así como por las mañanas, Tamsui es bastante tranquilo y relajante.

Q Tamsui es la cuna de la canción popular y muchos compositores incluso han escrito canciones dedicadas a este lugar. ¿Tiene Tamsui alguna escuela de música?

A Sólo existe el Departamento de Música de la Universidad Nacional Taipéi de las Artes , la cual se ubica en Guandu, un poco retirado de Tamsui; mientras que ninguna de las demás universidades en el área tiene escuela de música. Sin embargo, esto no ha sido un obstáculo, ya que Tamsui es un lugar que hace que fluyan los verdaderos sentimientos de las personas. Se hace bastante fácil para los compositores encontrar la inspiración y crear una canción popular. Por ejemplo, en 1997 cuando el cantautor Chen Ming-chang escribió la letra de la canción "Deambulando hacia Tamsui", ésta se convirtió en un gran éxito en todo Taiwán, sonando desde las grandes avenidas hasta los más pequeños callejones.

Q ¿Qué diferencias se observan en las cercanías del río Tamsui en comparación con épocas pasadas?

A Según lo que recuerdo, anteriormente esto no era más que un pequeño muelle pesquero con un fuerte olor a pescado y pocos turistas. Actualmente, las riberas del río (incluyendo el delta de Bali, en la orilla opuesta) han sido ampliamente saneadas, convirtiéndolas en riberas turísticas para el esparcimiento. Actualmente, lucen un aspecto moderno y comercial.

Palabras claves

1. 林蔭步道　　　　senderos arbolados, senderos poblados de arboles
2. 水上舞台　　　　escenario flotante
3. 觀潮灣　　　　　puesto para observar el oleaje del río (mirador a la orilladel río)
4. 榕樹　　　　　　higuera de Bengala (*Ficus microcarpa*)
5. 乘涼　　　　　　relajarse en un lugar fresco
6. 通車　　　　　　abrir al público, entrar en operación (un medio de transporte)
7. 賠錢　　　　　　perder dinero, tener pérdidas (en un negocio)
8. 創紀錄　　　　　establecer un récord
9. 河堤　　　　　　orilla de un río
10. 沙丁魚　　　　　sardina (un tipo de pez)
11. 民歌　　　　　　canción popular (canción folclórica)
12 國立台北藝術大學　Universidad Nacional Taipéi de las Artes (Taipei National University of the Arts)
13. 魚腥味　　　　　olor a pescado

14.	編劇	guión teatral, libreto de una obra de teatro
15.	外景隊	grupo de teatro itinerante
16.	黃昏	crepúsculo, caída de la noche, anochecer
17.	斜坡	pendiente escalonada
18.	閣樓	ático, desván
19.	朝聖地	lugar de peregrinación
20.	填詞	escribir letras de canciones
21.	反省	reflexionar
22.	吶喊	clamor, grito
23.	台灣本土意識	ideología local de Taiwán (taiwanismo)
24.	靈魂人物	ser el alma de, ser el pionero de
25.	觀眾	espectador, audiencia, público (en un espectáculo o evento)
26.	歌謠	balada, canción

淡水老街

Tamsui
07

CALLE VIEJA DE TAMSUI

Tamsui fue en su momento el mayor puerto de todo el norte de Taiwán; sin embargo, tras la apertura del Puerto de Keelung y debido a la acumulación de arena en sus diques, éste fue perdiendo poco a poco sus funciones como puerto comercial, convirtiéndose así en apenas un pequeño puerto pesquero. Actualmente este Puerto Tamsui ha sido reestructurado y funciona como un pequeño puerto turístico local. A todo lo largo de la Calle Vieja Zhongzheng, a pesar de la gran cantidad de edificaciones nuevas, todavía se puede observar un gran número de casas antiguas de ladrillo, lo que refleja el proceso de desarrollo en marcha en este lugar. Con la gran cantidad de templos antiguos de este lugar, un paseo por los caminos y las aceras, o una visita a la Calle Vieja de Tamsui; nos permite experimentar el ritmo de vida que llevaban sus primeros pobladores. La Calle Vieja de Tamsui está comprendida por las actuales Calle Zhongzhen, Callejón Chongjian, Callejón Jinsui y debido a las facilidades que la línea del Metro ha traído a Tamsui, durante los días feriados esto se vuelve un mar de gente. Sobre todo la Calle Zhongzhen, la cual se puede decir que es la más congestionada de todas las vías de Tamsui. En la zona de la Calle Vieja, están aglomerados una gran cantidad de restaurantes, quioscos de comestibles, además de un creciente número de tiendas de antiguedades, así como tiendas de artesanías y otros productos artísticos. Todo esto ha venido promoviendo el comercio de artículos y productos populares en aquella época, creando así un aire de añoranza.

CALLEJÓN CHONGJIAN

Empinada en dirección a la parte más alta del poblado de Tamsui, el Callejón Chongjian es el más antiguo de todos los callejones de este lugar y también la primera calle comercial. Más importante aún, esta calle era la principal ruta por donde los forasteros se dirigían para experimentar la sensación del pablado en lo alto de Tamsui. El Callejón Chongjian era en su principio una vía en forma zigzagueante, de unos 500 o 600 metros de largo. En sus días fue la calle más alta y la principal vía de transporte terrestre, por la cual se descendía directamente hasta el puerto y se ascendía hasta lo alto, conectando con la colina por encima de los asentamientos de la ciudad. Desde finales del siglo XIX, hasta la década de los cincuenta, esta zona experimentó un gran apogeo y prosperidad económica. Muchos políticos importantes de Tamsui, así como personalidades del sector financiero y del sector educativo escogieron este sitio como lugar de residencia. Debido a que estas residencias están construidas en estas ondulantes colinas, por lo general se observa una diferencia de altitud de las casas con respecto a las calles, lo cual se ha convertido en una de las particularidades del lugar. Hoy día, incluso se conservan algunas de las casas de forma alargada, de estilo más antiguo.

"ZAN MAN CHONGJIAN JIE"

El Callejón Chongjian tiene más de 230 años de historia y en sus alrededores se conservan varias reliquias arquitectónicas. Sin embargo, a fin de solucionar dudas sobre la seguridad pública del lugar, el Ayuntamiento de la Ciudad Nuevo Taipéi ha decidido a fin de año poner en marcha la segunda fase del programa de ampliación del lugar. Ante esta información, los trabajadores del sector cultural han lanzado a través de internet una actividad denominada "Zan man Chongjian jie". En apenas un día, esta actividad logró atraer a cientos de personas que también apoyan las demandas de "preservación del Callejón Chongjian". En un espacio de tan sólo 380 metros, a ambos lados de la calle completamente empedrada, ascendiente y zigzagueante, se pueden observar las casas antiguas, en lo que representa una muestra de la riqueza histórica y cultural de esta reliquia. Los vecinos del lugar dicen que en algunas de estas casas todavía se pueden ver agujeros causados por las balas durante la Guerra Sino-Francesa, testimonio del auge y caída de Tamsui.

PEQUEÑA CASA BLANCA

La Pequeña Casa Blanca de Tamsui, construida alrededor de 1875, está ubicada en el Callejón Sanmin, en las laderas de Tamsui y es famosa por sus fachadas blancas pintadas con cal. Según los relatos de la época, los recursos para su construcción fueron financiados por la reconocida familia Lin, empresarios del distrito de Banqiao; mientras que la construcción estuvo a cargo de Yan Qinghua, discípulo del Rev. George Leslie Mackay. Tras la construcción, la edificación fue arrendada a un empresario judío, siendo luego convertida en apartamentos de multiusos. En 1992, a causa de un incendio, la Pequeña Casa Blanca de Tamsui tuvo que ser demolida y reconstruida por completo. La reconstrucción fue tarea fácil debido a que la Casa había sido el tema de muchos viejos pintores, y por lo tanto, basándose en la cantidad de pinturas de la casa, se pudo encontrar su apariencia original. En 2009, la Fundación Cultural Tamsui encargó especialmente a Hsiao Chin-hsing, pintor de pintura china policromática, para pintar el aspecto original de la Pequeña Casa Blanca y sus alrededores sobre una pared exterior cercana a la antigua edificación. Este mural, cuya conclusión significó varios meses de trabajo y en el cual se puede apreciar todo Tamsui en una sola vista, ha sido calificado como la más vivaz e impresionante muestra de arte público.

CASTILLO ROJO

El Castillo Rojo, de igual renombre que "La Pequeña Casa Blanca", era la mansión residencial del comerciante naviero Li Yihe. Construido en 1899, el Castillo Rojo fue adquirido por el consejero de la Oficina de Taipéi, Hong Yinan, tras un trágico accidente en el cual dos embarcaciones de propiedad del comerciante Li colisionaron entre sí y naufragaron, causando serias dificultades económicas al empresario. Bajo el nuevo propietario, la mansión fue bautizada con el nombre de "Da Guan Lou", una elegante y sofisticada alegoría que significa el "pabellón de imperturbabilidad filosófica". De estilo occidental, con espaciosos jardines, escaleras interconectadas y hermosos alrededores; el Castillo Rojo tiene un aspecto exterior bastante similar a la edificación de la Residencia Consular Británica en Tamsui. Tras su adquisición por parte de Hong Yinan, la mansión fue posteriormente vendida a Hong Bingjiang, reconocido por ser el propietario de la mayor tienda de albóndigas de pescado, llamada *De Yu Fish Ball Shop*. Bajo las recomendaciones y supervisión de un grupo formado por arquitectos, historiadores y artistas; la edificación fue sometida a trabajos de reacondicionamiento en 1999, abriendo sus puertas un año más tarde como restaurante y galería de arte.

Preguntas y Respuestas

Q Es muy interesante el pedido de estos artistas y letrados, quienes abogan vehementemente por la preservación de la Calle Vieja de Tamsui. ¿Cómo es que han logrado unificarse?

A En todas las ciudades en Taiwán, en las que hay importantes poblados históricos, se han formado grupos espontáneos llamados "talleres de historia y cultura". Estos talleres se reúnen periódicamente para debatir ciertas ideas y manifestar su postura. Me parece que muchos de ellos han logrado agruparse a través de internet.

Q He escuchado que la penetración de Facebook en Taiwán está entre las más altas del mundo, ¿es cierto?

A Actualmente, el número de usuarios de "Line" también aumenta día a día. Anteriormente, cuando abordabas el Metro, podías escuchar el murmullo de la gente, pero ahora, no importa lo aglomerado que vaya el Metro, siempre notarás un gran silencio. La razón de esto es que ahora todos: hombre o mujer, viejo o joven; todos están manipulando su móvil.

Q La inclinación de las escaleras del Callejón Chongjian es muy histórico. Son unas escaleras bastante especiales. Dado que los peldaños no son tan altos, el ir y venir por estas escaleras no produce tanto cansancio.

A Así es, estas escaleras tienen entre cien y doscientos años de historia, y es difícil saber la cantidad de personas que ha subido y bajado por las mismas. Sin embargo, podemos imaginarnos durante aquella época, el murmullo de este lugar y la escalera abarrotada de transeúntes. Dado que había que subir y bajar cargando productos y mercancías, los peldaños no son tan altos, de modo que incluso las personas de avanzada edad podían subir y bajar sin mayor dificultad.

Q **El eslogan "Zan man Chongjian jie" es un juego de palabras bastante interesante.**

A En el mandarín hablado en Taiwán, el carácter chino "zan" (讚) que significa apoyar o estar de acuerdo; y el otro carácter "zan" (站) que significa de pie, presentarse (a una actividad) o tomar posesión de un lugar son homófonos.

Q **El Castillo Rojo de Tamsui ha sido restaurado tomando en cuenta el más mínimo detalle. ¡Una tarea impresionante! Se puede apreciar la majestuosidad y belleza que en su época caracterizaron esta edificación.**

A Este lugar muestra un panorama único, siendo el mejor sitio para observar el ocaso sobre el río Tamsui, así como la vista nocturna del poblado de Tamsui. Vamos, déjame invitarte allí un café.

Palabras claves

1. 泥沙淤積   acumulación de arena, acumulación de estratos arenosos
2. 古董店   tienda de antigüedades
3. 民藝品店   tienda de artesanías
4. 呼籲   pedir, exigir, solicitar
5. 文史工作室   taller de historia y cultura
6. 網路集結   congregarse a través de internet
7. 滑手機   manipular el móvil (teléfono)
8. 上坡階梯   escaleras inclinadas
9. 山丘   colina, macizo montañoso
10. 中國時報   China Times (periódico en Taiwán)
11. 新北市政府   Gobierno de la Ciudad Nuevo Taipéi
12. 拓寬工程   proyecto de ampliación, programa para la ampliación (de una obra de construcción)
13. 柔性訴求   demandas pacíficas
14. 保留   preservación
15. 古厝   casa antigua
16. 彈孔   agujero de bala
17. 興衰   auge y caída

18. 邊坡地　　　　　　　　declive, pendiente, ladera

19. 猶太商行　　　　　　　comercio judío, empresa judía

20. 公寓雜院　　　　　　　apartamento multiuso

21. 失火　　　　　　　　　incendiarse, quemarse

22. 拆除改建　　　　　　　demoler y luego reconstruir

23. 淡水文化基金會　　　　Fundación Cultural Tamsui

24. 委託　　　　　　　　　encargar, confiar, asignar
　　　　　　　　　　　　　(a alguien una tarea específica)

25. 彩墨　　　　　　　　　pintura china policromática

26. 壁畫　　　　　　　　　mural, fresco, obra pictórica

27. 撞沉意外　　　　　　　naufragio, hundimiento (de un navío)

28. 雅號　　　　　　　　　nombre elegante y sofisticado

29. 魚丸　　　　　　　　　albóndigas de pescado,
　　　　　　　　　　　　　bolas de pescado

30. 複合式餐廳　　　　　　restaurante mixto

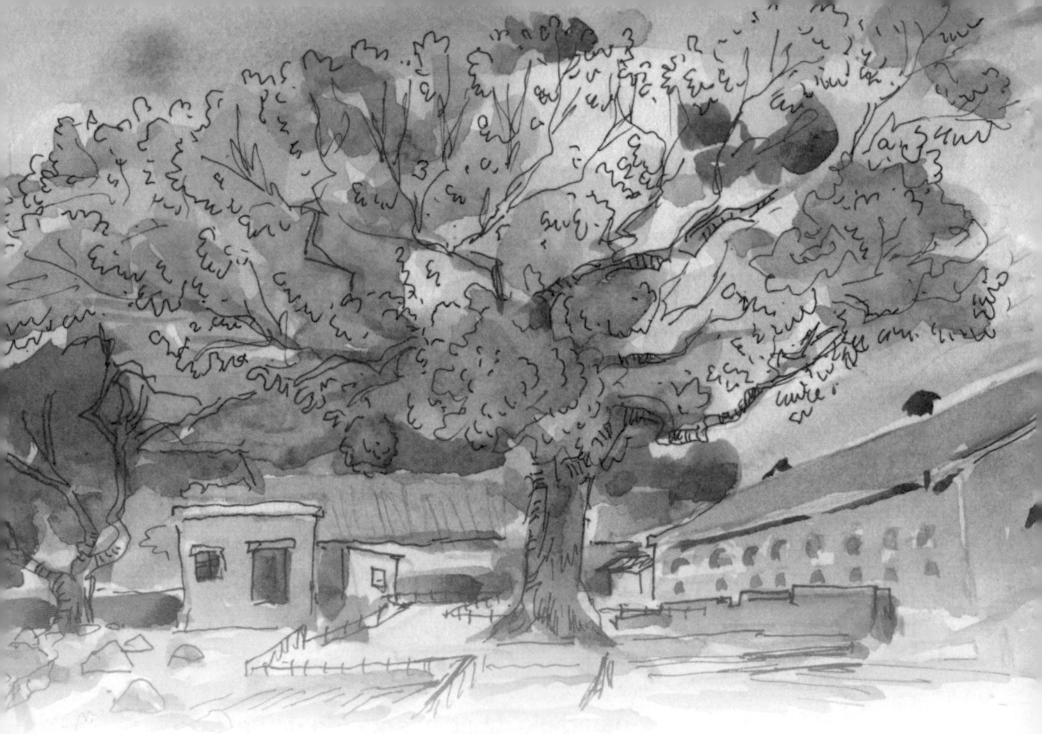

Tamsui 08

殼牌倉庫

DEPÓSITOS DE LA EMPRESA PETROLERA SHELL

Con un área aproximada de diez mil metros cuadrados, los depósitos o almacenes de la empresa petrolera Shell están ubicados en Bizaitou, justo al lado de la estación Tamsui del Metro. Estas edificaciones habían sido arrendadas por la *Cass Trading Company* en 1894 y utilizadas como almacenamiento de té para la exportación. En 1897, la empresa Shell adquirió estas edificaciones, en las cuales construyó cuatro grandes tanques para el almacenamiento de gas kerosene, su negocio principal. La empresa también construyó los rieles necesarios para conectar dichos depósitos a la línea del ferrocarril de Tamsui. Debido a los fuertes olores causados por los combustibles almacenados en estos depósitos, el lugar llegó a ser ampliamente conocido como "los apestosos almacenes de petróleo". Tras un bombardeo por parte de Estados Unidos en 1944, el incendio alimentado por estos depósitos de combustible tomó tres días en ser extinguido. En el año 2000, este lugar fue declarado como sitio histórico y los almacenes fueron donados por la Shell a la Fundación Cultural Tamsui, convirtiéndose un año más tarde en la Universidad Comunitaria de Tamsui (*Tamsui Commnunity University*). En 2011, el lugar fue integrado al área conocida como el Parque Cultural Tamsui.

UNIVERSIDAD COMUNITARIA TAMSUI

La Universidad Comunitaria Tamsui inició sus actividades docentes en agosto de 2001, proveyendo una amplia variedad de cursos con temáticas indisponibles en los currículos universitarios; por otra parte, como la tarifa de matriculación es sumamente baja, ésta se ha transformado en el mejor  espacio para promover la educación pública. Como las Normas de Gestión Educativa destacan la importancia de "promover la continuidad del aprendizaje, elevar la cultura comunitaria, participar en el empoderamiento comunitario y desarrollar la sociedad civil", se espera seguir implementando la idea de la reforma educativa. Las características de la Universidad Comunitaria Tamsui son la integración de los monumentos históricos y la cultura local, así como la disponibilidad de cursos para explorar y conocer Tamsui, entre otros. Esta universidad se siente muy orgullosa de tener un espacio de enseñanza que es a su vez reliquia centenaria.

AREA CULTURAL DE TAMSUI

El Área Cultural de Tamsui, rodeada por pasto verde y humedal, alberga el antiguo recinto de los Depósitos de la Empresa Petrolera Shell. Tras las obras de remodelación realizadas por el Gobierno de la Ciudad Nuevo Taipéi, dicha Área fue abierta oficialmente al público en 2011. El Área Cultural de Tamsui cuenta con un territorio de unas 1,8 hectáreas, en donde se ubican ocho edificaciones antiguas construidas con ladrillos rojos, las antiguas vías del ferrocarril por las que se transportaba el combustible, una sala de bomba hidráulica y una sala de caldera. A pesar de varios cambios de operadores y propietarios, y de los bombardeos durante la guerra; los Depósitos de la Empresa Shell, monumento cultural de la Ciudad Nuevo Taipéi, ha vuelto a lucir con todo su esplendor. En esta Área se encuentra el centro educativo (Universidad Comunitaria Tamsui), el árca de exhibición y espectáculo, el escenario al aire libre, el salón literario y artístico, el área ecológica, el espacio de humedal, etc.

TEMPLO YINSHAN / SALÓN DE LOS CLANES HAKKA

El Templo Yinshan construido en 1822 es el monumento cultural de segunda categoría de Taiwán que rinde homenaje al Buda Dīpankara, deidad adorada sólo por los hakkas, habitantes de la China Meridional. Este Templo construido al principio del reinado del Emperador Daoguang, de la dinastía Qing, ha conservado gran parte de su arquitectura original, incluyendo las decoraciones de arcilla del techo de aquel entonces. Este Salón de los Clanes Hakka, construido en la época Qing, es considerado como el mejor conservado en Taiwán; y actualmente, sirve como el centro de reunión de la Asociación de Clanes Hakka. La función de este lugar era servir de canal para la mutua ayuda entre los diferentes clanes; ya que durante el periodo de Daoguang, hubo una sucesiva oleada de inmigrantes hakkas procedentes de Tingzhou a las costas norteñas de Taiwán; a fin de prevenir el maltrato por parte de los inmigrantes provenientes de Zhangzhou y Quanzhou, se fueron reuniendo en las orillas de Tamsui, y luego construyeron salones de clanes; que en tiempos posteriores, servían como asentamiento para acoger a los nuevos inmigrantes provenientes de Tangshan, término que se refiere principalmente a las zonas montañosas de las provincias Fujian y Kuantung.

Preguntas y Respuestas

Q La combinación del medioambiente con los sitios históricos es una forma estupenda.

A Sí que lo es. Lo más importante es el manejo o administración. Es por esto que el gobierno aprobó en 2007 los planes de desarrollo para establecer el "Área del Parque Ecológico y Sitio Histórico Bizaitou". Esta área incluye el Templo Yinshan, las Tumbas Hunan Yong, los Depósitos de la Empresa Petrolera Shell, la Pista de Aterrizaje de Tamsui, la Estación Meteorológica de Tamsui, así como los recursos naturales y ecológicos de los alrededores, todo lo cual es manejado de manera conjunta.

Q ¿Los taiwaneses valoran mucho la conservación del medio ambiente?

A Sí, es algo que ha ocurrido durante los últimos diez años, especialmente tras la creación de la Oficina Nacional para la Protección Medioambiental, la cual ha tenido bastante éxito en estas tareas. También es digna de mención la labor que en este sentido realiza el Ministerio de Cultura. Así, el esparcimiento y la conservación medioambiental se han vuelto parte intrínseca de la vida de los taiwaneses.

Q Me da la impresión que Tamsui se va haciendo más evidente al mundo.

A Desde la época antigua, Tamsui ha sido un lugar bastante internacionalizado. El Taiwán actual, además de ser democrático, es también bastante abierto.

Aun así, muchos eventos históricos se esfuman rápidamente de la mente humana y por tanto, se hace imprescindible gran esfuerzo y dedicación para conservar el legado histórico.

Q **He escuchado que la mayoría de los estudiantes en la Universidad Comunitaria de Tamsui son personas mayores, ¿es esto cierto?**

A Es cierto. Esto se debe, por un lado, al temprano retiro de muchos empleados del sector público, quienes aún gozan de un buen estado físico y desean participar en diversas actividades sociales; por otro lado, el nivel de esperanza de vida en Taiwán se ha elevado y con esto también las necesidades de las personas mayores. En la cultura china hay un dicho que dice: "Estudia hasta tu último aliento de vida".

Q **¡Ahora lo comprendo, además de ser un paraíso para los jóvenes, Tamsui también será el lugar donde estos querrán vivir cuando se hagan viejos!**

A Francamente hablando, Tamsui puede ser un poco ruidoso en ocasiones, especialmente el ruido provocado por el intenso tráfico. Sin embargo, la única forma de solucionar esto sería rediseñando las vías de tránsito del lugar y para ello habría que sacrificar alguna parte del ambiente.

Palabras claves

1. 油槽   depósito de petróleo (de combustible), almacén petrolero tanque para el almacenamiento de petróleo
2. 英商嘉士洋行倉庫   *Cass Trading Company*
3. 鐵道   vía ferroviaria, línea del ferrocarril
4. 煤油   gas kerosene
5. 臭氣   fuerte olor, mal olor
6. 轟炸   bombardear / bombardeo
7. 撲滅   extinguir, extinción
8. 捐贈   donar, donación
9. 淡水社區大學   Universidad Comunitaria de Tamsui
10. 環保署   Oficina Nacional para la Protección Medioambiental
11. 退休   retiro, jubilación / retirarse, jubilarse
12. 人均壽命   esperanza de vida
13. 天堂   paraíso
14. 淡水文化園區   Área Cultural de Tamsui
15. 殼牌倉庫   Depósitos de la Empresa Petrolera Shell
16. 濕地   humedal

17.	公頃	hectárea
18.	油品	combustible
19.	幫浦間	sala de bombeo hidráulico
20.	鍋爐間	sala de caldera
21.	生態區	área ecológica
22.	定光古佛	Buda Dīpankara
23.	屋脊泥塑	techo de arcilla
24.	同鄉會館	Salón de Clanes Hakka
25.	欺負	maltratar, humillar
26.	唐山	Tangshan
27.	校務規程	Normas de Gestión Educativa
28.	公民社會	sociedad civil
29.	融入	integrar, involucrar
30.	自豪	sentirse orgulloso, satisfacción propia

Tamsui
09

滬尾砲台

FUERTE HOBE (HUWEI)

El Fuerte Hobe, situado en la parte norteña de Tamsui, posee una extensión de ocho hectáreas y fue mandado construir en 1886 por Liu Ming-chuan, primer gobernador provincial asignado por la dinastía Qing a Taiwán, para defender el Puerto Tamsui. A pesar de haber caído en desuso durante años, siendo una fortaleza militar, aún se mantiene intacta y bien conservada. Encima de la clave del arco del portón de su fachada principal, todavía reza "Bei Men Suo Yao", inscripción del manuscrito del propio gobernador Lin, cuyo significado es la "Llave del Portón del Norte". Los españoles también habían establecido baterías de artillería en este emplazamiento antes de ser expulsados por los holandeses, quienes posteriormente las demolieron al retirar su guarnición. En 1808, la dinastía Qing asignó más tropas para guarnecer la fortaleza; y en 1813, instaló nuevas baterías en el mismo recinto. Tras la Guerra Sino-Francesa, la dinastía Qing dio instrucciones a Liu Ming-chuan de intensificar la vigilancia y la defensa marítima del Estrecho de Taiwán. Durante la Ocupación Japonesa, sus tropas retiraron los cuatro cañones colocados en este emplazamiento, transformándolo en campo de prácticas de artillería. Bajo el mando del gobierno nacionalista del Kuomintang, se mandó tropas estacionadas para reforzar la defensa nacional. Fue proclamado como monumento histórico de segunda categoría en el año 1985 y fue nuevamente abierto al público tras su restauración.

YOU CHE KOU (ACEITERA KOU)

You Che Kou era el antiguo campo de lucha durante la Batalla de Tamsui en 1884. Se dice que, hace 300 años, los inmigrantes procedentes de Quanzhou fueron quienes aportaron a su desarrollo. A mediados del siglo XVIII, la familia Guo de origen Quanzhou abrió un taller de molinos de aceite, dando origen a su nombre actual. El muelle de You Che Kou es el lugar favorito para tomar fotos de boda y desde donde se puede contemplar una excelente vista panorámica del Monte Guanyin, del río Tamsui, de los barcos pesqueros y de la puesta de sol. El Templo de Lealtad (Zhongyi) de la familia Su, ubicado en You Che Kou, es el Templo Wangye de mayor tamaño en el área de Tamsui. La ceremonia de quema de barco, actividad religiosa de la creencia en la deidad Wangye, es celebrada anualmente en el Festival del Doble Nueve (Festival Chong Yang) que cae en el noveno día del noveno mes del calendario lunar chino.

Hace más de treinta años, al lado del templo se construyó una pequeña casa pintada de negro y llamada "Restaurante Negro", en donde se vendía la famosa chuleta frita con arroz. Posteriormente, debido al proyecto de ampliación de la carretera, éste se mudó a las cercanías; ahora sigue atrayendo largas colas de clientes a la hora de comer, lo cual es algo espectacular.

GUERRA SINO-FRANCESA / BATALLA DE TAMSUI O HUWEI

En agosto de 1884, tras el estallido de la guerra entre la dinastía Qing y Francia (Guerra Sino-Francesa), el ejército francés intentó atacar el Norte de Taiwán con sus buques de guerra y sus tropas de asalto, estallando de esta manera la Batalla de Tamsui. Liu Ming-chuan, Gobernador Provincial de entonces, quien estaba consciente de la importancia estratégica de Tamsui, se quedó preocupado por el posible acceso de las flotas francesas a la ciudad de Taipéi por medio del río Tamsui; entonces, decidió abandonar su resistencia defensiva en la campaña militar de Keelung y desplazar sus tropas a Tamsui. Tras los bombardeos intensivos de los franceses sobre Tamsui, los fuertes recién construidos por los manchúes en Shalun, Zhonglun y Youchekou fueron destruidos. A fin de defenderse contra el ataque francés, el gobernador Liu ordenó a Sun K'ai-hua, Comandante en Jefe Provincial, que cumpliera las obras de la instalación de fortificación, el relleno de los muelles con piedras, el despliegue de minas marinas, y la construcción de diques costeros y de fortaleza defensiva. El 8 de octubre, bajo el mando de Sun, la tropa regular manchú y los valientes paisanos lucharon contra los enemigos y lograron derrotar a las tropas francesas. La victoria de la Batalla de Tamsui fue una de las pocas alcanzadas por la dinastía Qing frente a las invasiones de las Potencias Extranjeras. El ejército francés no se retiró sino hasta después de más de medio año ejerciendo un bloqueo en la zona costera de Tamsui.

"BEI MEN SUO YAO"
(LLAVE DEL PORTÓN DEL NORTE)

La inscripción "Bei Men Suo Yao" significa literalmente "la llave de la puerta de la fachada norteña de la ciudad amurallada", cuyo significado es "guardián del norte de Taiwán" (*gate keeper of the northern Taiwan*); posteriormente, se refiere a la base militar ubicada en el norte. Al acabar la Batalla de Tamsui en 1885, la dinastía Qing intensificó su fortificación defensiva en esta área costera. En el año 1886, el gobernador Liu Ming-chuan contrató al ingeniero militar alemán Max E. Hecht (1853-1892) para que se encargara de supervisar la construcción de dicha fortaleza, además de esto, Liu importó 31 cañones desde la Gran Bretaña. La construcción fue concluida en 1889, pero como no hubo posteriormente ningún enfrentamiento militar, tanto los cañones como la estructura arquitectónica de la fortaleza quedaron mayormente intactos. "Bei Men Suo Yao", inscripción encima del portón de la fachada orientada hacia el noreste, es el manuscrito original de Liu Ming-chuan. Debido a que entre los fuertes construidos en Taiwán durante la gobernación de Liu, el Fuerte Hobe es el único conservado; éste posee un sentido especial y un valor excepcional. Hecht fue galardonado por la dinastía Qing con una medalla de honor y recibió una recompensa en plata, como reconocimiento a su mérito por llevar a cabo la construcción de dicha fortaleza. Hecht falleció en Taiwán a la edad de 39 años y fue sepultado en el Cementerio de los Extranjeros en Tamsui (*The Tamsui Foreign Cemetery*).

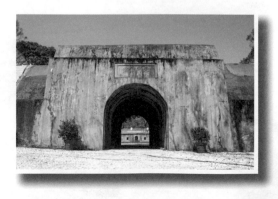

Preguntas y Respuestas

Q Desde aquí arriba hay una buena vista, es realmente un buen puesto para guarnecer.

A Este lugar es llamado habitualmente como "Wujiugang" (Colina de Drongo Real) y es conocido como la primera colina entre las otras cuatro que reciben conjuntamente la denominación de "Wuhugang" (Colina de Cinco Tigres) de Tamsui. Al otro lado está situado el primer club de golf de Taiwán (*Taiwan Golf Club*), construido por los japoneses en 1919 sobre el antiguo campo de entrenamiento militar usado por el Ejército de la dinastía Qing.

Q ¿Hay conexión entre los inmigrantes de la provincia Hunan y los residentes de Tamsui?

A La mayoría de la guarnición del ejército regular mandada por la dinastía Qing desde China continental a Taiwán provenía de la provincia Hunan. El General Sun K'ai-hua, Comandante en Jefe Provincial de la Batalla de Huwei (*Battle of Tamsui*) de 1884, era precisamente de Hunan. En el Bosque de Hierba Gan Zhen se encuentran tumbas antiguas en homenaje a los soldados originarios de Hunan.

Q En Taiwán está muy de moda tomar fotografías de boda, se dice que muchos estudios fotográficos de boda están extendiendo sus negocios en China continental.

A Tomar fotografías de boda es un buen negocio. En Taipéi hay una avenida conocida como "Vía de Estudios Fotográficos de Boda". Los propietarios de la gran mayoría de los estudios fotográficos de boda en China continental son de Taiwán.

Q ¿Es necesario elegir un hermoso lugar para tomar las fotografías de boda?

A Tomar fotos al aire libre es hacer una "Sesión de Fotos en el Exterior". Naturalmente, se recomienda elegir un hermoso paisaje en las cercanías. Si uno tiene suficiente presupuesto, se puede ir al extranjero para tomarse las fotos; y, al mismo tiempo, disfrutar de la luna de miel. Por lo tanto, los fotógrafos de boda se convierten en los mejores guías de puntos turísticos.

Q ¿Se puede prevenir el divorcio al tomar fotos de boda?

A En el pasado, Taiwán tenía un bajo porcentaje de divorcios; pero últimamente, el número ha crecido bastante. Sin duda alguna, si la joven pareja discute, al mirar las fotos de boda, quizás pueda dejar de lado la idea de divorciarse.

Palabras claves

1. 滬尾砲台   Fuerte Hobe (Huwei)
2. 省巡撫   gobernador provincial
3. 捍衛   defender
4. 軍事要塞   fortaleza militar
5. 北門鎖鑰   Llave del Portón del Norte (Bei Men Suo Yao)
6. 親筆文   manuscrito
7. 碑文   inscripción, grabado
8. 砲台   batería de artillería
9. 驅離   expulsar
10. 燒毀   demoler, desmantelar
11. 撤駐軍   retirar la guarnición militar
12. 駐防   guarnecer la fortaleza
13. 砲塔   cañón, pieza de artillería
14. 國民政府   gobierno nacionalista del Kuomintang, gobierno del Partido Nacionalista (KMT)

15. 派兵駐守　　　　ordenar el estacionamiento de tropas para la defensa

16. 烏啾　　　　　　drongo negro o real

17. 高爾夫球場　　　campo de golf

18. 練兵場　　　　　campo de entrenamiento militar

19. 正規軍　　　　　ejército regular

20. 古墓　　　　　　tumba antigua

21. 軍艦　　　　　　buque de guerra, armada, flota

22. 棄守　　　　　　abandonar la resistencia defensiva

23. 提督　　　　　　comandante en jefe provincial

24. 防禦　　　　　　fortificación

25. 水雷　　　　　　minas marinas

26. 封鎖　　　　　　bloqueo (de una ciudad por parte de la armada enemiga)

27. 監造　　　　　　supervisar la construcción

28. 勳章　　　　　　medalla de honor

29.	表揚	galardonar
30.	外僑墓園	cementerio de los extranjeros
31.	戰場	campo de batalla
32.	油坊	taller de molinos de aceite
33.	農曆	calendario lunar (de uso en toda la comunidad china)
34.	重陽節	Festival del Doble Nueve (*Festival Chong Yang*)
35.	燒王船祭典	ceremonia de quema de barco de Wangye

Tamsui
10

漁人碼頭

MUELLE DE LOS PESCADORES

El Muelle de los Pescadores en Tamsui está situado en la costa este a la desembocadura del río Tamsui, era anteriormente el Segundo Puerto Pesquero de Tamsui, construido en 1987. Se encuentra cerca de la Playa Shalun y es un punto turístico recién desarrollado en Tamsui. Se abrió al público tras concluir la obra de reconstrucción en marzo de 2001. El Muelle es famoso por su vista panorámica de la puesta de sol y la venta de mariscos frescos. Actualmente, además de sus instalaciones turísticas y de ocio, todavía mantiene su función como puerto pesquero. Los muelles flotantes permiten atracar alrededor de 150 barcos o yates, mientras que el anfiteatro que da al mar puede albergar hasta 3.000 espectadores. El puente colgante de color blanco en forma de barco de vela que se extiende por el puerto, tiene una longitud de 164,9 metros. Como se inauguró oficialmente el 14 de febrero de 2003, Día de San Valentín; por eso, también es denominado el "Puente de los Enamorados", un lugar desde donde se puede contemplar la puesta de sol. A este muelle se puede llegar tanto por vía terrestre como por vía marítima, y en el lugar también se ubica un Hotel & Resort de cinco estrellas.

PUENTE DE LOS ENAMORADOS

El Puente de los Enamorados, el cual une los dos lados del Muelle de los Pescadores, es un puente peatonal de 164,9 metros de longitud y 5 metros de anchura. La torre principal, cuya parte más alta alcanza los 12 metros, tiene una ligera  curvatura que parece, a simple vista, la vela de un barco. Mirando desde lejos, el color del puente es blanco; pero al observarlo con más atención, se nota que es un blanco con una mezcla de rosado y lila que dan un tono suave. Este puente ofrece una vista espectacular y posee un estilo hermoso y romántico; por lo tanto, se ha convertido en un punto de atracción de Tamsui. Según una leyenda romántica relacionada con este puente, si los enamorados lo cruzan agarrados de las manos y pensándose mutuamente, entonces podrán disfrutar aún más de su romance; pero, si uno de ellos se da la vuelta o se suelta de la mano, entonces enfrentarán muchos desafíos.

TORRE DE LOS ENAMORADOS

En mayo de 2011, se inauguró oficialmente la Torre de los Enamorados, ubicada en el Muelle de los Pescadores y a un costo que sobrepasa los 300 millones de nuevos dólares taiwaneses. Este mirador de 100 metros de altura es capaz de albergar hasta 80 personas a la vez, ofreciendo una increíble vista panorámica de 360 grados de Tamsui. La empresa suiza responsable de su construcción tardó cuatro años en finalizarlo, convirtiéndolo en el primer mirador giratorio de Taiwán con una altura de 100 metros. También cuenta con una cápsula acristalada hecha en vidrio de seguridad para resistir contra fuertes vientos y lluvias, mediante la cual se permite a los visitantes disfrutar de las magníficas vistas del entorno al ascender o descender lentamente dicha cápsula.

PUERTO PESQUERO DE OCIO

A pesar de haber conservado su función como un puerto pesquero, casi se ha transformado en un "muelle de yates" en donde atracan diferentes tipos de yates, cuyos propietarios son principalmente los billonarios residentes en el casco metropolitano de Taipéi. Debido a su pasión por las actividades náuticas, aparcan sus yates en el muelle y sólo salen a navegar cuando tienen tiempo libre. Como aquí se forma un punto de atracción de la "Hidrovía Azul", los barcos provenientes de diferentes lugares atracan en el muelle. El cielo y el mar de color celeste, los yates y los barcos de pesca, y el resplandor crepuscular durante el atardecer son también considerados como un excepcional panorama costero del norte de Taipéi.

PUENTE TAMKANG

El Puente Tamkang, que atravesaría la desembocadura del río Tamsui, tendrá una estructura de dos niveles. Será el primer puente de Taiwán combinando tren-carretera, ya que contará con una línea ferroviaria y una pista de carretera. El proyecto de planificación se inició a finales del año 1980 y tendrá una longitud total de 12 kilómetros, incluyendo la parte del cuerpo principal de 900 metros y los accesos a ambos lados del puente. El puente medirá 20 metros y tendrá una cubierta de 44 metros de ancho. En el nivel inferior del puente se dispondrá de un carril para vehículos con un límite de velocidad de 100 kilómetros por hora; y en el superior, el Gobierno Central ha planificado una ferrovía ligera de 8 metros de anchura. El costo total del proyecto será de 15,3 mil millones de nuevos dólares taiwaneses. En 2016 se iniciará la construcción y se planea finalizarlo y abrirlo al tráfico en 2020. Se estima que finalizada esta obra, se podrá aliviar el tráfico del Puente Guandu y aportar mayor desarrollo a la exploración del Proyecto de la Nueva Ciudad Tamhai.

Preguntas y Respuestas

Q **Contemplar Tamsui desde lo alto es algo realmente espectacular. Se nota lo relajado y lo feliz que es este lugar.**

A Recientemente, alguien ha realizado desde el cielo un impresionante y emotivo largometraje documental titulado "Más Allá de la Belleza: TAIWAN DESDE LO ALTO" (*Beyond Beauty-TAIWAN FROM ABOVE*). La belleza de Taiwán es tal como exclamaron los marineros portugueses al navegar por las costas de la isla de Taiwán hace 400 años: "¡Ilha Formosa!"

Q **Por otro lado, he oído decir que este documental ha hecho a muchos taiwaneses sentirse conmocionados con los impactos causados por el excesivo desarrollo urbanístico...**

A ¡Claro!, es necesario realizar un desarrollo moderado. Se ha tardado más de 20 años discutiendo la aprobación del proyecto de la construcción del futuro "Puente Tamkang".

Q **La construcción del puente es importante para el desarrollo y la prosperidad de Tamsui.**

A Esperamos que todo sea bien planificado y desarrollado, sino el lugar estará abarrotado de personas, tal como lo ha demostrado la historia.

Q Es muy animado durante el verano, debería ser menos en invierno.

A En verano y en otoño se convierte en un lugar tan animado que se asemeja a las atracciones turísticas en el extranjero, en donde hay conciertos musicales, ferias artísticas, etc. Lo más importante es que se puede contemplar todos los días el arrebol de la puesta de sol. En primavera y en otoño, suele llover y hace frío; por lo tanto, hay menos gente, pero, los operadores turísticos toman otras medidas de apoyo para atraer a los visitantes.

Q He oído decir que los mariscos de aquí son muy auténticos.

A De cualquier modo, Tamsui es un puerto pesquero; por consiguiente, es algo natural que provea abundantes mariscos. ¡A ver si te apetece probarlos!

Palabras claves

1. 漁人碼頭　　　　Muelle de los Pescadores
2. 遊艇　　　　　　yate (embarcación)
3. 觀劇場平台　　　anfiteatro
4. 情人節　　　　　Día de San Valentín, Día de los Enamorados
5. 紀錄片　　　　　documental
6. 《看見台灣》　　"Más Allá de la Belleza: Taiwán desde lo Alto"
7. 水手　　　　　　marinero
8. 後果　　　　　　consecuencia
9. 渡假勝地　　　　atracción turística
10. 藝術市集　　　　feria artística
11. 措施　　　　　　medidas
12. 富豪　　　　　　billonario
13. 時速　　　　　　velocidad
14. 輕軌路軌　　　　ferrovía ligera

189

15. 新台幣 Nuevo Dólar Taiwanés: NT$
    (moneda de circulación en Taiwán)
16. 微彎 ligera curvatura
17. 船帆 vela de un barco
18. 牽手 tomarse de la mano
19. 回頭 darse la vuelta, mirar hacia atrás
20. 放開手 soltarse de la mano
21. 考驗 desafío, prueba
22. 情人塔 Torre de los Enamorados
23. 360 度全視野景觀 vista panorámica de 360 grados
24. 旋轉觀景塔 mirador giratorio
25. 安全玻璃防護罩 cápsula acristalada hecha en vidrio
    de seguridad, cápsula de cristal de
    alta seguridad

Tamsui
11

紅樹林

BOSQUE DE MANGLARES (mangle rojo, Rhizophora mangle)

Al llegar a la estación del metro Hongshulin, se puede contemplar el verde bosque de manglares (mangle colorado o candelón) de 76 hectáreas, planeado como reserva ecológica de manglares en 1986. Los bancos de arena en el pantano de los estuarios son acumulaciones de los sedimentos transportados por el río Tamsui, convirtiéndose en la reserva de manglares más grande de Taiwán y la de mayor latitud del mundo. Hongshulin, el nombre en chino de estas plantas acuáticas exuberantes, literalmente significa "bosque rojo", lo cual es derivado de la característica de sus hojas rojizas. El ecosistema de los humedales de manglares posee muchos valores para la humanidad que incluyen: proteger los terraplenes, las costas del río y del mar; suministrar los recursos de alevines; y ofrecer los sitios de reproducción y de hábitat para la vida silvestre. Por otra parte, se alberga el bosque turístico en la parte costera y el lugar de ocio y turismo; y se ofrece leña. Hongshulin también recibe el nombre de "bosque acuático" y paraíso para las aves migratorias.

GARCETA COMÚN
(*Egretta garzetta*)

La garceta común es una especie de ave residente muy habitual en Taiwán y que se encuentra con frecuencia cerca de las lagunas o de las zonas pantanosas. Se alimenta principalmente de pequeños peces, ranas e insectos. Suele vivir en colonias y se estima que hay unos cientos de garcetas comunes que tienen su hábitat en el bosque de manglares. En cada atardecer, se oyen los cantos ruidosos de unas cuantas garcetas comunes que regresan volando a posarse. Su plumaje de color blanco níveo simboliza la pureza y la pulcritud. La garceta común esbelta y de forma elegante deambula con un andar sigiloso, un movimiento ágil y un vuelo delicado. Según una creencia popular, el campo de arroz donde las garcetas comunes capturan los insectos con el pico, es un hábitat que aporta suerte, ya que las cosechas pueden ser protegidas.

KANDELIA OBOVATA
(*Pen Seedlings*)

Entre las estaciones de metro Zhuwei y Hongshulin se sitúa el bosque de kandelia obovata, una de las especies de manglares vivíparos con raíces zancudas y aéreas conocidas como candelillas y que cuelgan de las ramas. Sus propágulos, semillas germinadas en el fruto, tienen forma de lápices que llegan a medir entre 10 y 15 centímetros de longitud. Al caerse pueden arraigar en el terreno fangoso cerca de la planta madre, pero cuando la marea está alta, son arrastradas, flotando a sitios más alejados, ampliando la dispersión a nuevos terrenos. Son tolerantes a condiciones extremas de salinidad, a suelos inestables, a la falta de oxígeno y al alto porcentaje de cloro en el suelo y agua.

SENDERO ECOLÓGICO

La entrada del "Sendero Ecológico de Manglares de Tamsui" se encuentra al lado de la estación de metro Hongshulin. El paso elevado construido en madera tiene una longitud de un kilómetro, por donde no sólo se puede contemplar la vista panorámica del monte Guanyin y del río Tamsui, sino que también se puede apreciar la diversidad de la flora y la fauna en estas zonas pantanosas. Desde el paso elevado se puede apreciar de cerca los propágulos de mangle rojo o incluso tocarlos; y ver a los cangrejos violinistas (Uca) mudándose y las garcetas comunes caminando lentamente en zonas de aguas someras en busca de presas. A parte de la espectacular vista panorámica, de interesantes formas de fauna intermareal, pájaros silvestres que sorprenden a los amantes de las aves; también es un lugar adecuado para la enseñanza práctica en el campo ecológico de humedales y el turismo ornitológico. Cada año las aves migratorias llegan a estos humedales en la época de septiembre hasta mayo del año siguiente, por lo cual es la mejor temporada para la observación de aves.

Preguntas y Respuestas

Q Parece que al pueblo de Taiwán le gusta la garceta común, a lo largo de la carretera con destino a Tamsui, ¡se puede ver las imágenes de la garceta en vuelo!

A Sí, hay un canto infantil en taiwanés cuyas letras rezan:"Al niño no le queda nada, por eso desea transformarse en garceta común para tener la suerte de encontrar dinero por el camino."

Q ¿Hay muchas aves migratorias que llegan al bosque de manglares?

A Sí, según las estadísticas de la Federación de las Aves Silvestres (*Chinese Wild Bird Federation, CWBF*), habrá unas diez especies. El número de aves migratorias se ha reducido debido al ruido de la zona urbana cercana al bosque y por la dificultad de estas aves para encontrar alimentos. Es más frecuente encontrar aves de menor tamaño, especialmente en la parte de la llanura de Guandu, en donde se han construido varios puestos de avistamiento para observar de cerca las aves.

Q ¿Es la llanura Guandu un humedal? y ¿es un terreno protegido?

A Sí, en cierto modo sí. El gobierno lo ha clasificado como una zona de bajo desarrollo. Al pueblo de Taiwán le importa cada vez más la conservación de los humedales, y se ha aprovechado este terreno, por ejemplo, para planificar un área de conservación, un parque ecológico educativo o una zona recreativa para padres e hijos, etc.

Q He oído decir que en el pasado la llanura de Guandu era un gran pantano, mientras que Qilian era un puerto.

A La verdad es que, había muchos pantanos en la cuenca de Taipéi, cuya altitud media es próxima al nivel del mar; por lo cual, ha sufrido varias inundaciones. El metro de Taipéi fue paralizado por una grave inundación que duró varias semanas.

Q Entonces, ¿es Taipéi una tierra propensa a las inundaciones"?

A Tomar medidas de prevención contra inundaciones siempre ha sido una de las políticas importantes de Taiwán, pero ahora nos gusta mucho acercarnos al río.

Palabras claves

1. 堆積   acumulación
2. 沙洲   banco de arena
3. 沼澤區   pantano
4. 河口   estuario
5. 緯度   latitud
6. 水生植物   planta acuática
7. 生態系統   ecosistema
8. 堤岸   terraplén
9. 魚苗   alevín, pequeño criadero de peces
10. 野生物   vida silvestre
11. 繁殖   reproducción
12. 棲息   hábitat
13. 薪材   leña
14. 候鳥   ave migratoria
15. 白鷺鷥   garceta común (Egretta garzetta)
16. 觀鳥小屋   puesto para la observación de aves
17. 低度開發區   zona de bajo desarrollo
18. 海平面   nivel del mar

淡水小吃

Tamsui
12

APERITIVOS DE TAMSUI

Tamsui es un puerto pesquero tradicional que era en el pasado un importante puerto comercial; por eso es caracterizado por su abundante mercancía y mariscos variados. Debido a la infraestructura de transporte y a su desarrollo histórico y local, se ha generado una cultura culinaria de muchas diversidades. En las Calles Viejas de Tamsui, llenas de historia, se ha desarrollado cientos de aperitivos típicos que incluyen las bolas de pescado, los huevos de hierro, las galletas de pescado frito y el tofu frito relleno "A-Gei". Generalmente, estos famosos aperitivos se preparan con los ingredientes locales, a través de los cuales se reflejan las necesidades del consumo alimentario básico del pueblo local y sus vínculos con su propia cultura y sociedad. Hay diferentes variedades de comidas, desde los aperitivos hasta los banquetes de mariscos, la cocina exótica, etc. El tofu frito relleno "A-Gei" y el "huevo de hierro" son los aperitivos más típicos de esta localidad.

BOLAS DE PESCADO O ALBONDIGAS DE PESCADO

Tamsui era un puerto que tenía abundante pesca y por lo tanto, la oferta era mayor que la demanda; por eso, además de venderla en el mercado, se ha desarrollado en varios productos adicionales, tales como pescado seco, galletas de pescado frito, bolas de pescado, etc. Se usa la carne de los peces marinos de tamaño mediano o grande  (tiburón o dorado); luego se muele el pescado hasta conseguir una pasta espesa y se mezcla con un poco de almidón de patata y agua; por último, la pasta de pescado rellena de carne y ajo es cocida en un caldo claro, dando un sabor excepcional. Se elaboran bolas de pescado en todo el mundo, pero como la selección de pescado, el uso de ingredientes y la forma de elaboración a mano difieren mucho de una a otra, por lo tanto, la textura de cada receta es completamente distinta.

HUEVOS DE HIERRO

La historia cuenta que Huang Zhangnian, propietaria de un puesto de fideos cerca del muelle de transbordadores de Tamsui, dejó cocer repetidamente los huevos a la soja que no había vendido; casualmente, los huevos cocidos en un caldo condimentado con especias adquirieron un tamaño reducido  y un color negro. Por curiosidad, unos clientes los compraron y los probaron. Los huevos resultaron ser sabrosos, firmes y masticables; desde entonces, su fama es tan extendida que han recibido el nombre de "huevo de hierro" cuya marca es conocida como "Apotiedan", y que literalmente significa "huevo de hierro de la abuela", convirtiéndose en un aperitivo muy especial de Tamsui. Se requiere un proceso complicado y una cocción prolongada para la elaboración de los huevos de hierro. Primero, se cuecen durante varias horas los huevos duros en el líquido de una mezcla de salsa de soja y de cinco especias (anís estrellado, cardamomo negro, cassia y semillas de hinojo), y luego se dejan secar al aire. Se necesita repetir este proceso por varios días hasta que se conviertan en huevos de hierro.

PASTELES TRADICIONALES

En Tamsui hay muchas pastelerías históricas que ofrecen reposterías muy variadas hechas de maneras tradicionales, cada cual ha conservado un delicado sabor reminiscente y cada bocado puede permitir a los viajeros sentir el gusto de los pasteles tradicionales de Tamsui. Una de las pastelerías, "Xinshengfa", incluso recibió en 1984 el primer premio de un concurso de repostería organizado por Japón. Según las costumbres nupciales de Taiwán, como la familia de la novia debe obsequiar a sus familiares y amigos las tartas nupciales denominadas "xibing", las de Tamsui son consideradas como una selección apropiada y de calidad.

MUSEO DE LAS BOLAS DE PESCADO
(Tenfeng Fish Ball Museum)

Aprovechando el gran volumen de pesca en el puerto de Tamsui, la compañía Tengfeng lanzó en 1963 su nuevo producto llamado galleta frita de pescado, convirtiéndose luego en complemento de otros alimentos y bebidas, y aperitivo del ocio y del turismo. En 2004, el dueño de esta tienda fundó en la Calle Vieja de Tamsui, el "Museo de las Bolas de Pescado", conocido como el primer museo en Taiwán con temática relativa a la albóndiga de pescado. Este Museo de tres pisos ocupa una superficie de 231 metros cuadrados y ofrece también, en el "Taller de Turismo", actividades de HTM (Hazlo tú mismo).

En el primer piso se encuentra el área de tiendas; y en el segundo piso, las salas de exhibición, en donde se albergan muchas herramientas antiguas para la pesca, fotografías históricas y un Fusil Gras M80 1874, usado por la infantería de marina de Francia durante la Batalla de Tamsui, la cual estalló en 1884.

A-GEI

"A-gei" es un nombre derivado de la transcripción fonética abreviada del término japonés (あぶらあげ) que significa tofu frito. Es una receta de un envoltorio de queso de soja, tofu frito, en forma cuadrada relleno con fideos de lentejas y sellado con pasta de pescado. Es cocido al vapor y condimentado con salsa de chile dulce en el exterior y servido en sopa de bolas de pescado o caldo. "A-gei" es considerado como uno de los aperitivos más típico de Tamsui, siendo una receta creativa de la señora Yang Zhengjinwen, a quien se le salió esta idea para no desperdiciar los ingredientes sobrantes en la cocina. Su primer restaurante fue abierto en la calle Zhenli de Tamsui, entonces servía desayuno y almuerzo a los estudiantes.

Preguntas y Respuestas

Q Muchos turistas vienen a Taiwán precisamente para disfrutar de su deliciosa gastronomía.

A La fama de la delicia de la cocina taiwanesa es tan conocida en todo el mundo como la cocina mediterránea y la japonesa. Por otra parte, se puede disfrutar de la gastronomía de diferentes provincias de China continental. En Hong Kong y China continental no existe tanta diversidad.

Q ¿Cuáles son las diferencias entre la alta cocina y los aperitivos?

A Se sirve de diez a doce platos en un banquete culinario, mientras que los aperitivos están disponibles en los mercados tradicionales, especialmente en los mercados nocturnos cuya característica es ofrecer una gran variedad de comida.

Q He oído decir que en los banquetes formales ofrecidos por los políticos o en los banquetes de Estado, también se sirven aperitivos taiwaneses a los distinguidos huéspedes extranjeros.

A Es verdad, hay aperitivos que ni siquiera se puede probar en otros lugares del mundo. ¡Son sabores auténticos de Taiwán!

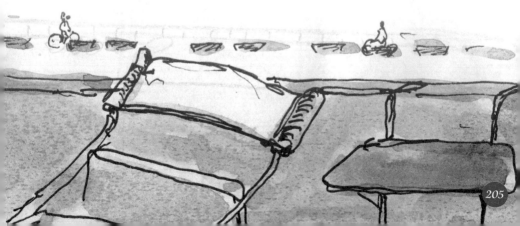

Q ¿Cuántas variedades de aperitivos hay en Taiwán? ¿Dónde se puede degustar?

A Creo que no existe ninguna estadística, el gusto del mismo aperitivo puede variar según cada sitio. El mercado nocturno es el mejor lugar para degustarlos. A pesar de que ya hay restaurantes típicos de aperitivos taiwaneses, pero es imposible de que puedan servir todo tipo de aperitivos.

Q Por eso, si uno viaja a Taiwán como turista, siempre es recomendable tomar los aperitivos en los mercados nocturnos.

A Sí, pero te advierto que como las condiciones sanitarias, la calidad de servicio y el ambiente de los mercados nocturnos no suelen ser tan apropiados, entonces, tienes que estar al tanto de esto.

Palabras claves

1. 小吃   aperitivo
2. 魚丸   bola de pescado / albóndiga de pescado
3. 魚酥   galleta de pescado frito
4. 鐵蛋   huevo de hierro
5. 地中海菜   cocina mediterránea
6. 大宴   banquete culinario
7. 夜市   mercado nocturno
8. 政治人物   político (persona dedicada a algún tipo de actividad política)
9. 貴賓   huésped
10. 國宴   banquete de Estado (banquete ofrecido por una entidad oficial de alto rango)
11. 衛生條件   requisitos sanitarios
12. 休閒食品   aperitivo de ocio (turismo gastronómico) DIY / HTM (Hazlo tú mismo)
13. 坪   tsubo / 1 坪 (pyeong) = 3.305785 metros cuadrados
14. 步槍   fusil, rifle, escopeta

15.	海軍陸戰隊	infantería de marina
16.	油豆腐	tofu frito
17.	挖空	ahuecar, hacer hueco
18.	填入	rellenar
19.	冬粉	fideo de lentejas
20.	魚漿	pasta de pescado
21.	調味	condimentar
22.	封口	sellar
23.	蒸熟	cocción al vapor / cocer al vapor
24.	甜辣醬	salsa de chile dulce
25.	湯汁	caldo, sopa
26.	浪費	desperdiciar, malgastar
27.	剩餘食材	ingrediente sobrante
28.	附加產品	producto adicional
29.	鯊魚	tiburón
30.	鬼頭刀	dorado
31.	研磨	moler, triturar

32.	太白粉	almidón
33.	滷蛋	huevo a la soja
34.	滷汁	caldo condimentado con especias
35.	嚼	masticar
36.	醬油	salsa de soja (soya)
37.	五香配方	cinco especias (anís estrellado, cardamomo negro, cassia y semillas de hinojo)
38.	風乾	secar al aire
39.	古早味	sabor tradicional, sabor original

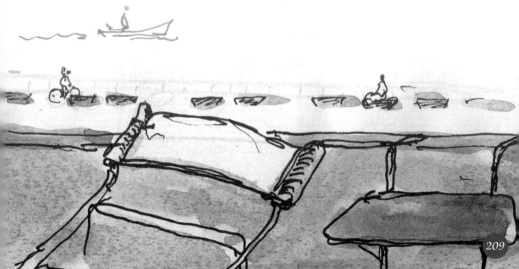

淡水藝文

ARTE Y CULTURA EN TAMSUI

Tamsui alberga muchos monumentos históricos y abundante
herencia cultural, por ser, en el pasado, el puerto norteño por donde
llegaron los inmigrantes han; el lugar que las potencias extranjeras
quisieron conquistar; el territorio que Japón ocupó por medio siglo;
y el puerto en donde había muchas actividades comerciales tanto
internacionales como a través del Estrecho de Taiwán. Por otra parte,
gracias a su excelente ubicación geográfica, situada en un enclave
único entre el mar y la montaña, y a la conveniencia de su transporte
fluvial y marítimo, se ha atraído e inspirado a un gran número de
élites intelectuales y se ha dinamizado la vitalidad urbana, dejando
imborrables huellas artísticas y culturales en el pueblo. A lo largo
de la historia, los habitantes locales han celebrado voluntaria y
periódicamente actividades como peregrinaciones y adoraciones
religiosas, representaciones musicales o teatrales, etc. Hoy en día,
se organiza el Festival Internacional de Arte Ambiental Tamsui
(International Environmental Arts Festival) y la Feria de la Villa de
Arte Asiática, incluso se ha planeado el área del Teatro de Danza
Puerta a las Nubes *(Cloud Gate Dance Theatre of Taiwan)*, etc. Los
principales recursos artísticos y culturales de Tamsui son su riqueza
humanística, su sentimiento histórico, su perspectiva internacional,
su belleza panorámica, sus dinámicas actividades comerciales y su
conveniencia del transporte de metro.

MEMORIAL DE UNA GOTA DE AGUA
(Drop of Water Memorial)

El Memorial de una Gota de Agua, situado al lado izquierdo del Fuerte Hobe, era una vivienda japonesa centenaria, construida en la prefectura de Fukui, Japón. Su propietario era el padre de Tsutomu Minakami, el famoso novelista japonés quien dijo "una gota de agua posee potencia infinita", una famosa frase basada en la filosofía Zen. El Memorial se bautizó entonces con el nombre de "Una Gota de Agua". Como esta vivienda era una de las pocas edificaciones que no sufrió daño tras el Terremoto de Kobe de 1995 en Japón, el propietario se la donó a su prefectura para que sirviera como lugar de refugio de sus paisanos. Posteriormente, tras la devastación del sismo de Chichi de 1999, conocido también como el terremoto 921, Taiwán recibió ayuda de recuperación y reconstrucción post-desastre de parte de las víctimas del terremoto de Kobe, quienes decidieron donar dicha vivienda antigua a Taiwán. Tras un año de esfuerzos, las tareas de desarme, reubicación y reconstrucción fueron llevadas a cabo por 1.300 voluntarios de Japón y de Taiwán. Se concluyó el proyecto el 16 de agosto de 2009 y el memorial fue abierto al público el 29 de marzo.

DAI BAI BAI DE TAMSUI *(The Tamsui Temple Parade)*

"Dai Bai Bai" se refiere a la majestuosa ceremonia ritual y de sacrificio, al banquete gratis al aire libre, entre otras actividades en el templo para agradecer a la deidad. La celebración de bienvenida a la deidad es la ocasión en donde los fieles se reúnen para disfrutar del banquete. Como los antepasados que atravesaron el Estrecho de Taiwán para inmigrar a la isla solían ser víctimas de problemas de aclimatación, pandemias, catástrofes naturales, guerras, etc.; por eso, para ser bendecidos y protegidos, llevaban consigo la estatua de la deidad protectora de su aldea natal. Hoy en día, este tipo de ritual ya no es simplemente una actividad religiosa, sino que se ha compenetrado con la vida cultural del pueblo de Taiwán. El "Dai Bai Bai de Tamsui" es una actividad religiosa celebrada en el Templo Tsushih de Tamsui conocido como "Templo Divino de Progenitores". Anualmente, en el sexto día del quinto mes lunar (a mediados de junio según el calendario gregoriano), se celebra el ritual que atrae a cientos y miles de fieles, por lo que se necesita ejercer control de tráfico todo un día entero.

FESTIVAL INTERNACIONAL DE ARTE AMBIENTAL TAMSUI

Desde 2008 se organiza cada octubre el Festival Internacional de Arte Ambiental Tamsui. La temática del año 2013 fue el "Calidoscopio Mundial". Con la participación de 50 grupos y más de 1.500 personas, hubo un desfile de carnaval creativo y apasionado por las Calles Viejas de Tamsui, por medio del cual se logró destacar la diversidad cultural y exótica de Tamsui. Dicho carnaval cuenta con la participación y colaboración de varios artistas, y también de los habitantes de varias comunidades locales, transformando la historia, la leyenda, las costumbres y la vida cotidiana actual en elementos básicos de la creatividad. A través del "Desfile Artístico" y de la representación teatral "Teatro Ambiental", se ha demostrado las peculiaridades artísticas de Tamsui, las cuales se remontan a 400 años atrás. Últimamente, con la participación de los grupos artísticos internacionales, este Festival ha alcanzado mayor diversidad y atracción.

Preguntas y Respuestas

Q **Lo que cuenta el Memorial una Gota de Agua es muy conmovedor, las relaciones entre Taiwán y Japón son verdaderamente muy especiales y estrechas.**

A Siempre ha habido muchos intercambios entre Japón y Taiwán, especialmente en el sector turístico y comercial, mediante los cuales se ha podido lograr un mejor entendimiento.

Q **El Teatro de Danza Puerta a las Nubes (*Cloud Gate*) es el grupo de baile contemporáneo de Taiwán que ha alcanzado mayor fama internacional. Al concluir la construcción del área de su estudio en Tamsui, se podrá promover las actividades artísticas y culturales de la localidad y lograr mayor cobertura mediática.**

A Se dice que fue el Cloud Gate que eligió Tamsui. Esta área ofrecerá un espacio abierto al público, tanto para visitas como para organizar talleres de representación teatral.

Q **Los occidentales u otros grupos étnicos realizan sacrificios rituales con la ofrenda de vacunos o cabras, ¿por qué en Taiwán se sacrifican cerdos?**

A La crianza de cerdos era muy común en muchos hogares de Taiwán. Según la composición gráfica del pictograma "hogar" (家), su significado equivale a "se debe criar cerdos para poder casarse". En Taiwán se criaba menos cabras y como los búfalos de agua eran cuidados y mimados por los agricultores para el trabajo en los arrozales, por eso se presentan cerdos como ofrendas para las ceremonias de sacrificio.

Q He oído decir que en Taiwán se encuentran criadores de ganado porcino que crían cerdos sobrealimentados, incluso se congregan en la fiesta conocida como "El Cerdo de Dios" para competir en el singular concurso en el que el ganador es el cerdo de mayor peso.

A Es un honor para el criador victorioso y también una forma para rendir el mayor homenaje a las deidades. El cerdo que batió el récord de mayor peso tenía 1010 kilos. Se necesita sobrealimentarlos por unos años consecutivos para luego sacrificarlos. En los banquetes (generalmente gratis al aire libre) se regala también carne de cerdo a los familiares y amigos.

Q En el futuro sería una buena idea de celebrar al mismo tiempo el festival para recibir a los dioses, el rito para rendirles homenaje y el carnaval de artes.

A ¡Ah, eres un buen candidato para asumir el cargo del Ministro de Cultura!

Palabras claves

1. 列強   potencia extranjera
2. 廟會迎神   peregrinación y adoración religiosa
3. 淡水踩街藝術節   Festival Internacional de Arte Ambiental Tamsui *(International Environmental Arts Festival)*
4. 亞洲藝術村   Feria de la Villa de Artes Asiáticas
5. 雲門舞集   Danza Puerta a las Nubes (Cloud Gate Dance Theatre of Taiwan)
6. 一滴水紀念館   Memorial una Gota de Agua *(Drop of Water Memorial)*
7. 感人   conmovedor
8. 曝光率   cobertura mediática
9. 表演工作坊   taller de representación teatral
10. 犧牲祭典   ceremonia de sacrificio, sacrificio ritual
11. 水牛   búfalo de agua

26. 萬花筒　　　　　calidoscopio

27. 嘉年華會　　　　carnaval

28. 合作　　　　　　colaboración

29. 藝術踩街　　　　desfile artístico, comparsa

30. 阪神大地震　　　Terremoto de Kobe

31. 同鄉　　　　　　paisano, conciudadano

32. 九二一大地震　　Sismo de Chichi / terremoto 921

33. 災後重建　　　　recuperación y reconstrucción
　　　　　　　　　　post-desastre

34. 災民　　　　　　víctima (de un desastre)

35. 義工　　　　　　voluntario

淡江大學

Tamsui
14

UNIVERSIDAD TAMKANG
(Tamkang University)

De ideales abiertos, la Universidad Tamkang (TKU) es un centro académico sin carácter religioso ni empresarial. Ya que al principio de su fundación, los habitantes de Tamsui donaron sus propios terrenos; por eso, a fin de integrarse con la comunidad local, el Campus principal de la universidad no está rodeado por murallas. En 1950, el Sr. Chang Ching-sheng y su hijo, el Dr. Clement C. P. Chang, fundaron el Instituto Universitario de Inglés de Tamkang. En 1958, se reorganizó como una Facultad de Artes y Ciencias Tamkang, antes de pasar a ser la Universidad Tamkang en 1980.

Hoy en día, la TKU cuenta con cuatro campus: el campus de Tamsui, el de Taipéi, el de Lanyang y el Campus Cibernético. La TKU ofrece ocho facultades y cuenta con más de 27.000 alumnos, más de 2.100 profesores y personal administrativo a tiempo completo. La TKU ha graduado 240.000 estudiantes. Es una de las más prestigiosas instituciones de educación superior de Taiwán en cuanto a medidas integrales. Según la encuesta sobre los estudiantes de mayor preferencia entre 2.000 grandes empresas, publicada en la "Guía de las Mejores Universidades 2015" por la Revista Cheers *(Cheers Magazine, For a Better Work Life)*, la TKU ha quedado clasificada en primer lugar entre todas las universidades privadas de Taiwán por 18 años consecutivos.

AULAS DE ESTILO PALACIEGO CHINO

La vista panorámica y las edificaciones arquitectónicas de la TKU son bien reconocidas local e internacionalmente. El campus era un lugar popular para el rodaje de telenovelas y películas. Se destaca especialmente las aulas de estilo palaciego chino, construidas en un terreno inclinado en el año 1954 y que reflejan arquitectónicamente el modelo de los clásicos palacios chinos de la dinastía Tang (618-907), con techos de color verde y paredes de color rojo. Las aulas rodeadas de verdor están bien iluminadas. Delante de éstas hay una fila de nueve faroles con diseño de 18 dragones de los que cuelgan dos faroles de estilo chino. Al encenderlas al atardecer, éstas hacen juego con el color rojizo del esplendor de la puesta de sol. Los faroles fueron diseñados por el primer director del Departamento de Arquitectura de la TKU, Ma Tiqian. La obra fue concluida e inaugurada en 1955, cumpliendo ya medio siglo de historia.

MUSEO MARÍTIMO

El Museo Marítimo de la Universidad Tamkang es un edificio de 2.134 metros cuadrados que era la edificación del Departamento de Marina Mercante dedicado a la formación profesional en Ciencias Marinas y en Propulsión Marina. Chang Yung-fa, Fundador y Presidente del Grupo Evergreen, realizó una donación en efectivo para llevar a cabo la construcción

y también donó diferentes equipos marítimos para la enseñanza. Posteriormente, debido al cambio de las políticas pedagógicas del país, se suspendió el reclutamiento de estudiantes para dicho departamento, graduándose en 1989 los estudiantes de la última promoción. Se inició entonces el plan de la fundación del Museo Marítimo que alberga modelos de barcos de diferentes épocas. Lin Tien-fu, Ex-presidente de la Junta Directiva de la TKU, también donó 50 modelos de embarcaciones de fama internacional. El Museo se inauguró en el mes de junio de 1990 con entrada gratis.

PLAZA DE BARQUILLO

En el centro del Campus de la Universidad Tamkang se halla la Plaza de Barquillo. En el pasado, había un edificio de aulas de dos pisos que fue demolido en 1986 y reemplazado por una plaza cubierta de césped. En el medio de la plaza, conocida como "Plaza de Barquillos", se alza una estatua que tiene la forma de cuatro tablas de bambú superpuestas. Este diseño de una creación de Lin Kuei-jun, arquitecto y ex-alumno de la TKU, simboliza el antiguo rollo de escritura china. Se parece a cuatro barquillos elevados verticalmente. Observado desde lo alto, su forma se asemeja al eje de un motor que gira incesantemente. Los rollos blancos en forma de curva dan una apariencia atractiva tanto en un día despejado, al atardecer como de noche. Actualmente, es el sitio donde se celebran las reuniones de los clubes estudiantiles y los eventos más importantes. Es también el mejor lugar para tomarse fotos y conservar los recuerdos en Tamkang.

HIMNO DE LA UNIVERSIDAD TAMKANG

Letrista: Zou Lu
Compositor: Lu Quansheng

El vasto Tamkang
navegable por miles de millas,
viejos y nuevos pensamientos,
aportados por los grandes eruditos.
Interrogar con sabiduría,
juzgar con sensatez,
aplicar lo aprendido con eficiencia,
aflorar pensamiento influyente capaz de rectificar el mundo.
Ser insistente y disciplinado en el aprendizaje,
mantener la profesionalidad,
ser sencillo, honesto, firme y perseverante.
Aplicar todo lo aprendido
siendo élite de la época,
siendo talentoso y leal a la nación,
siendo diligente, cauteloso, prevenido y listo;
aprovechando el mejor momento de la vida.

Preguntas y Respuestas

Q La capacidad de los estudiantes de la Universidad Tamkang ha sido reconocida por los principales empresarios por 17 años consecutivos, siendo catalogada como la mejor de las universidades privadas de Taiwán, y ocupando la posición número ocho entre todas las universidades de Taiwán. ¡Qué extraordinarios son los graduados de la TKU!

A Siendo una universidad integral histórica, su prestigio ha sido reconocido. Por otra parte, la TKU es una universidad liberal con una gestión visionaria y flexible. Su visión consiste en la globalización, la sistematización informática y la orientación hacia el futuro.

Q Con un número superior a los 240.000 egresados, debería ser un gran recurso social.

A Calculemos, en cada 100 taiwaneses hay un estudiante graduado de Tamkang. Esta cifra no incluye otros familiares quienes seguramente han sido los promotores de la TKU. Entre ellos se puede encontrar con tres generaciones de egresados de la TKU.

Q La TKU fue fundada hace sesenta años, al mencionar Tamsui, uno piensa en la TKU.

A Sí, la TKU pertenece a Tamsui. Básicamente, Tamsui puede ser considerado como una Ciudad Universitaria. A parte de la TKU, en Tamsui también se ubican otros cuatro centros de educación superior: la Universidad Aletheia, la Universidad San Juan *(St. John´s University)*, la Universidad de Tecnología Marítima de Taipéi *(Taipei College of Maritime Technology, TCMT)* y la Universidad de Cristo *(Christ´s College)*.

Q ¿Cuáles son los sitios del campus más recordados por los egresados de la TKU?

A ¡El cambio de vista del campus según las cuatro estaciones! Especialmente, las antiguas aulas de estilo palaciego chino. Anualmente, los egresados que vuelven al campus en marzo, suelen entrar a las aulas de clase para recordar sus días pasados.

Q **La TKU es el lugar de origen de las canciones estudiantiles (ming ge), debería haber un ambiente lleno de recogimiento y fervor musical.**

A A pesar de que aquí no hay departamento de música, cuenta con una sala musical. Siempre hay muchas actividades musicales en el campus, por lo tanto hay muchos cantantes famosos egresados de esta universidad, también hay egresados dedicados al sector artístico y cultural, o bien, a la industria del entretenimiento y de la cinematografía. En resumen, aquí es muy hermoso; por eso, los estudiantes saben apreciar esta belleza.

Palabras claves

1. 圍牆   muralla
2. 創辦   fundar / fundación
3. 網路校園   campus cibernético
4. 綜合型大學   universidad integral
5. 學院   facultad
6. 專任   a tiempo completo
7. 兼任   a tiempo parcial
8. 校友   egresado
9. 指南   la guía
10. 問卷   encuesta
11. 代言人   promotor
12. 宮燈教室   aula de estilo palaciego chino
13. 影視圈   industria del entretenimiento y de la cinematografía
14. 蛋捲   barquillo
15. 古代簡冊   rollo chino antiguo de escritura

16.	馬達轉軸	eje del motor, cigüeñal
17.	社團	club estudiantil
18.	電視連續劇	telenovela
19.	唐朝	dinastía Tang
20.	斜坡	terreno inclinado
21.	宮燈	farol / linterna de estilo chino
22.	海事博物館	Museo Marítimo
23.	航海	ciencias marinas
24.	輪機	propulsión marina
25.	搖籃	cuna
26.	招生	reclutar / reclutamiento
27.	屆	promoción (año de graduación)
28.	船的模型	modelo de embarcaciones (miniatura)
29.	免費參觀	entrada gratis, entrada libre

河岸自行車道

Tamsui
15

CICLOPISTA RIBEREÑA

La ciclopista ribereña que recorre de Tamsui a Hongshulin tiene 2,5 kilómetros de longitud. Los ciclistas pueden pedalear hacia el Puerto de los Pescadores o subir por el Puente Guandu y luego dirigirse hacia el área escénica de la Ribera Bali, concluyendo en el Museo de Arqueología Shihsanhang. Sólo se permite el acceso para peatones y ciclistas, quienes pueden disfrutar de un recorrido seguro y agradable. La ciclopista está construida entre la orilla del río, cubierta por bosques de manglares y la vía de metro, ofreciendo un recorrido placentero con vista panorámica hacia la montaña y el río. A orillas de la ciclopista se han instalado miradores por donde se puede observar, de vez en cuando, los saltarines del fango, las garcetas que pasan volando y los cangrejos violinistas que vienen andando. Se puede disfrutar del espectacular paisaje a orillas del río Tamsui, el panorama exuberante del Monte Guanyin, el vuelo de las aves silvestres y la puesta de sol.

CICLISMO DURANTE LOS FINES DE SEMANA

El Gobierno Municipal de Taipéi inició en 2002 el proyecto de construir unas ciclopistas a la ribera de los cuatro principales sistemas fluviales de Taipéi: el río Tamsui, el río Keelung, el arroyo Jingmei y el arroyo Xindian. Su trayecto de 111 kilómetros de longitud, cuyo punto de partida se ubica en Jingmei al sur y en Neihu al este, se extiende hacia la desembocadura del humedal Guandu. Según las características paisajísticas de las riberas de cada río, las ciclopistas recibieron respectivamente los nombres de Guandu, Ribera Dorada, Bali, etc. El paisaje ribereño con abundantes recursos naturales, culturales e históricos ha ofrecido al público lugares agradables de ocio durante los fines de semana. La conclusión de las obras de la ciclopista ha recibido críticas favorables, y andar en bici se ha convertido en un deporte popular de Taiwán.

CICLISMO RIBEREÑO

Taiwán es conocido como el reino de las bicicletas, cuyas marcas *Giant* y *Merida Bikes* son unas de las diez marcas más vendidas del mundo. Anualmente se manufactura en Taiwán más de 4,4 millones de bicicletas. Muchas fábricas de Taiwán reciben el encargo manufacturero de varias marcas internacionales. 2,7 millones de habitantes utilizan la bici para hacer deporte y 700.000 la usan como medio de transporte. Uno de los deportes

más de moda es dar una vuelta por Taiwán. Se ha concluido la construcción de 40 ciclopistas para un total de unos 1.180 kilómetros, entre las cuales la mayoría son ribereñas. La ciclopista a la ribera de los ríos Tamsui y Xindian tiene una longitud total de 60 kilómetros y las mismas atraen a una gran muchedumbre de ciclistas durante los fines de semana, tanto para hacer deporte de ocio como para acercarse al río y para disfrutar del ecoturismo.

BICI SONRIENTE *(YouBike)*

GIANT *(Giant Manufacturing Co. Ltd.)* fue encargado por el Gobierno Municipal de Taipéi para instalar y gestionar la marca de servicio de la Bici Sonriente *(YouBike)*, cuyo logotipo es U-bike. Se lanzó dicho sistema de autoservicio sistematizado en marzo de 2009 y se lo inauguró oficialmente en noviembre de 2012. Desde entonces, *YouBike* ha emitido 130.000 tarjetas de membresía y el número de alquiler sobrepasa el millón de usuarios. Hasta febrero de 2014, se han instalado 158 puestos de *YouBike* en Taipéi. Al principio hubo mucha pérdida, pero tras ofrecer la tarifa gratuita para la primera media hora y tras instalar más puestos de alquiler, el uso de *YouBike* se ha popularizado y se ha convertido en un fenómeno especial de Taipéi. En la ciclopista de Tamsui también se ve a ciclistas andando en *YouBike*.

Preguntas y Respuestas

Q He oído decir que has dado una vuelta a la isla en bicicleta, ¿Cuántos días tardaste en realizarlo?

A Tardé en total nueve días para recorrer más de 900 kilómetros. Para un ciclista profesional, basta con siete días o incluso cinco días para finalizar su recorrido. Hay quienes lo han desafiado con tan sólo tres días.

Q ¿Por qué a los jóvenes de Taiwán les gusta especialmente recorrer la isla en bicicleta?

A Porque es muy conveniente y es una forma de acercarse a su propia tierra. En la red también se propagan tres actividades deportivas para demostrar el amor hacia Taiwán: Dar una vuelta a la isla en bicicleta, escalar la Montaña Jade (Yushan) y atravesar nadando el Lago de Sol y Luna.

Q He oído decir que muchas empresas e instituciones no sólo recuerdan a sus empleados la importancia de hacer deportes, sino que también organizan sus paseos ciclísticos.

A El empresario más renombrado es King Liu (Liu Jin-biao), fundador de GIANT *(Giant Manufacturing Co. Ltd.)*, quien a la edad de 70 ha dado varias vueltas a la isla junto con sus subordinados de alto rango.

Q *YouBike* de Taipéi es tan famoso que incluso la revista *Global Traveler* lo ha recomendado en su reportaje.

A Tras el primer autoservicio de préstamo de bicicletas públicas, *Vélib*, introducido por Paris en 2007, se ha creado con fervor la moda de andar en bicis públicas, y dicho servicio se ha extendido en muchas grandes ciudades del mundo. El sistema de alquiler de bicicletas públicas aplicado por *YouBike* de Taipéi es el de Paris. El sistema de deslizamiento de *YouBike* está integrado con el de *EasyCard* del Metro de Taipéi (MRT).

Q ¿Es el préstamo de *YouBike* también disponible para los turistas extranjeros?

A Por supuesto que sí, sólo basta con comprar una tarjeta *EasyCard* y con registrarse en la máquina de los puestos de alquiler de YouBike.

Palabras claves

1. 河岸自行車道　　　ciclopista ribereña
2. 風景區　　　　　　área escénica
3. 行人　　　　　　　peatón, transeúnte
4. 彈塗魚　　　　　　(pez) saltarín del fango
5. 環島　　　　　　　dar una vuelta a la isla / recorrido por la isla
6. 玉山　　　　　　　Montaña Jade (Yushan)
7. 日月潭　　　　　　Lago de Sol y Luna
8. 捷安特　　　　　　GIANT
9. 微笑單車　　　　　*YouBike*
10. 公共自助自行車　　servicio automatizado de alquiler de bicicletas públicas
11. 租借系統　　　　　sistema de alquiler
12. 刷卡系統　　　　　sistema de deslizamiento
13. 捷運悠遊卡　　　　tarjeta *EasyCard* del Metro de Taipéi (Taipei MRT)
14. 登記　　　　　　　registrarse
15. 台北市政府　　　　Gobierno Municipal de Taipéi

16. 委託   encargar, confiar, asignar
(a alguien una tarea específica)

17. 標誌   logotipo

18. 會員卡   tarjeta de membresía

19. 租賃站   puesto de alquiler

20. 虧損   pérdida

21. 河流系統   sistema fluvial, vía fluvial

22. 溪   riachuelo, arroyo, afluente

23. 暢銷品牌   marcas más vendidas

24. 生產   producción, fabricación, manufactura

Referencias〔參考資料〕

淡江大學文學院，《金色記憶：淡水學用與辭典》，淡大，2002。

莊展鵬主編，《台灣深度旅遊手冊 2：淡水》，遠流，1990。

廖文卿主編，《淡水不思議》，新北市立淡水古蹟博物館，2013。

趙莒玲，《淡水心靈地圖》，黎明，2005。

新北市政府官網：www.ntpc.gov.tw

淡水區公所官網：http://www.tamsui.ntpc.gov.tw

話說淡水

國家圖書館出版品預行編目資料

話說淡水 / 吳錫德編著；陸孟雁, 福德翻譯. -- 初版. -- 新北
市：淡大出版中心, 2015.04
　　面；　公分. -- (淡江書系；TB010)
中西對照

ISBN 978-986-5982-80-5(平裝)
1.人文地理 2.新北市淡水區
733.9/103.9/141.4　　　　　　　　　103027054

淡江書系 TB010

話說淡水
Hablemos sobre Tamsui　【中文西班文對照】

作　　者	吳錫德
譯　　者	陸孟雁、福德
插　　圖	陳吉斯
攝　　影	吳秋霞、林盈均、邱逸清、周伯謙、陳美聖、馮文星
封面設計	斐類設計工作室
美術編輯	葉武宗
中文錄音	張書瑜、張柏緯
西文錄音	陸孟雁、福德
影音剪輯	陳雅文
印 刷 廠	中茂分色製版有限公司

發 行 人	張家宜
社　　長	林信成
總 編 輯	吳秋霞
執行編輯	張瑜倫

出 版 者	淡江大學出版中心
出版日期	2015年4月
版　　次	初版
定　　價	**360元**

總 經 銷	紅螞蟻圖書有限公司
展 售 處	**淡江大學出版中心**

地址：新北市25137 淡水區英專路151號海博館1樓
電話：02-86318661　　傳真：02-86318660

淡江大學—驚聲書城
新北市淡水區英專路151號商管大樓3樓
電話：02-26217840